企业网络研究

—— 基于网络科学范式的产业组织分析

Research on Enterprise Network

—— Analysis of Industrial Organization Based on Network Science Paradigm

洪振挺 ◎ 著

人民出版社

责任编辑:孙兴民　冯　瑶
装帧设计:徐　晖
责任校对:张杰明

图书在版编目(CIP)数据

企业网络研究:基于网络科学范式的产业组织分析/洪振挺 著.
　—北京:人民出版社,2015.10
ISBN 978 - 7 - 01 - 015418 - 3

Ⅰ.①企…　Ⅱ.①洪…　Ⅲ.①互联网络-应用-企业管理-
研究　Ⅳ.①F270.7

中国版本图书馆 CIP 数据核字(2015)第 253071 号

企业网络研究

QIYE WANGLUO YANJIU
——基于网络科学范式的产业组织分析

洪振挺　著

人民出版社 出版发行
(100706　北京市东城区隆福寺街 99 号)

保定市北方胶印有限公司印刷　新华书店经销

2015 年 10 月第 1 版　2015 年 10 月北京第 1 次印刷
开本:880 毫米×1230 毫米 1/32　印张:7.125
字数:139 千字

ISBN 978 - 7 - 01 - 015418 - 3　定价:28.00 元

邮购地址 100706　北京市东城区隆福寺街 99 号
人民东方图书销售中心　电话 (010)65250042　65289539

摘　要

　　企业在经营过程中意识到与相关企业进行联合研发，联盟生产、共同营销等合作运营的重要性，它们在开放的市场中择优选择能促进自己发展的企业进行合作（联接），最终将涌现出一个复杂的企业网络系统。

　　在理论研究方面，新制度经济学提出了中间性组织的概念，并对企业间的协调机制进行研究。经济社会学引入社会嵌入性概念，认为企业网络是在企业行为嵌入到不断演变的社会结构中而逐步形成的组织模式。越来越多的相关理论学者对企业网络的关注度和研究热情不断增长，并取得了一定的理论成果。

　　在实际的企业运营中，企业网络以业务外包、战略联盟、虚拟企业、企业集群等典型模式正在越来越多的产业领域和经济区域蓬勃发展着。网络信息技术的迅猛发展使得电子商务模式越来越受企业的青睐，基于网络平台的电商企业的相互联系与合作构成了一个电商网络，成为企业网络的一个新模式。市场的供方和需方，都在以联盟的方式为自己谋利益，整个市场呈现出一个个联盟网络的格局，似乎企业已不是市场的主角，而网络才是市场主体。

21 世纪以来，从自然科学到社会科学的各个学科领域的专家学者纷纷投入到对于网络的研究，他们密切关注和研究这一既古老又新鲜的课题，并取得了重大的理论突破，网络科学正在成为一个新兴的跨学科领域的理论体系。越来越多的经济学者开始重视关于经济运行中的社会嵌入性问题的研究，并尝试用网络的概念体系去分析企业网络。

企业网络的形成，在微观机制上，我们可以应用经济理论和社会理论进行解释，但是在宏观结构上，企业网络的结构和规模却很难用传统的理论进行解释，而网络科学的涌现、演化、自组织、复杂性、拓扑结构可以用来解释企业网络的宏观图景。

网络科学的概念和思想有助于我们比较清晰地、整体地把握企业网络的形成和运行机理、组织的网络属性和演化规律，这是传统的经济理论难于解释的。新古典经济学抛开了对企业网络的研究，新制度经济学提出的中间组织概念仅是从交易成本的角度来理解，经济社会学提出了基于社会关系的企业网络显得过于空泛，战略管理学则机械化地把企业网络作为一种获取优势资源的途径，而且这些理论更多的是说明企业网络的存在性，对于如何分析企业网络的方法和框架涉及较少，或者不深入，并且较多地是站在各自研究的角度或目的进行探索，缺乏整体地、一般性的深入论述。从网络科学的视角来研究企业网络，可以把企业网络抽象为节点属性与联接属性的研究，并统一于网络属性的研究，既有微观领域的探讨，又有宏观视域的描述，摆脱了传统的各个理论领域各自为政、自说自话的窘境，可以把相关理论的研究纳入到统一的企业网络研究框架下，使得对于企业网络的研究既有既定理论的研究基础又有综合研究的理论发展，这是理论创新的科学态度。基于网络科学范式的企业网络研究，突破了传统的基于交易成本的组织分析范式，超越了用经济学方法工具研究经济现象的认识，创造性地把网络科学分析思维和工具应用到经济学领域的研究，为跨学科领域的研究作出了进一步的探索，具有重大的理论创新意义。

企业网络已成为经济社会里的一种常态，传统意义上的市场竞争的格局正在被改写，市场的竞争不再是独立企业之间的单打独斗，而是企业网络之间的群体竞争，企业网络作为一个整体对市场份额进行重新分割，由此可能形成基于企业网络的垄断，企业网络越来越成为市场竞争或垄断的主体，并成为一种新型的产业组织形态，这使得基于单个企业的垄断竞争分析显得不合时宜，市场结构的界定也将因为企业网络的发展而重新考虑，从而推动产业组织理论的新发展。基于企业网络的市场结构分析突破了传统的产业组织理论对于单个企业的垄断竞争的分析，从而使得政府、学界和企业界对于市场垄断要有新的认识和应对，进一步地，产业组织理论的企业行为策略、政府规制和反垄断等理论都将因企业网络的发展而创新发展。从这个意义上说，企业网络的研究对于产业组织理论的新发展具有理论创新意义和实践指导意义。

把企业网络的研究推进到产业组织市场结构的研究，这是对新制度学派中间性组织理论的突破和超越。中间性组织理论只是关注企业间的关系研究和治理机制的探索，它从交易成本的角度对企业网络进行研究，是一种非网络分析的范式，它止步于对企业间交易协调问题的研究，而没有把企业网络作为一个整体放在市场中去考察。在网络科学范式分析中，企业网络是一个整体的概念，是具有自主决策能力的智能体，它以群体行为参与市场竞争，自然要对市场结构产生影响，从而把企业网络的研究嫁接到产业组织理论中来，而且突破了传统产业组织理论基于单个企业的行为研究。因此，本书将要进行的基于网络科学范式的企业网络研究是对传统的产业组织理论、新制度学派中间性组织理论和非网络分析范式的企业网络理论的较大突破和超越，具有重大的理论创新价值。

本书在系统梳理产业组织理论、复杂系统理论和社会网络理论的基础上，从网络科学的视角对企业网络进行研究，建立一个基于网络科学范式的企业网络研究框架，并进一步研究了企业网络对市场结构和市场竞争的影响，得出了以下基本结论。

1. 企业网络具有复杂系统的主要特征，是一个复杂系统，企业网络的复杂性表现在联接复杂性、结构复杂性、动态性、自组织性、自相似性、演化复杂性等特点上。此外，企业网络还具有层次性、嵌入性、外部性、锁定性、多属性等网络属性。

2. 企业网络是在企业个体理性选择的过程中涌现出的一个结果，企业网络的宏观特征具有不可预估性。在企业之间非线性的相互作用下，企业网络的拓扑结构往往表现为具有小世界性质和无标度性质。

3. 企业网络的边界是可以确定的，可以从联接强度、联接频率、多企业节点、动态稳定性四个维度来确定企业网络边界。企业网络是个不断演进的概念，根据不同的划分标准可以对企业网络进行多种分类。

4. 企业间的联接是企业网络形成的关键，企业可以通过契约联接、产权联接、关系联接、聚集联接、模块化联接、互联网联接等方式建立合作关系，相应地，企业网络类型有战略联盟、虚拟企业、外包网络、特许经营网络、企业集团、企业集群、模块化网络、电商网络等。

5. 企业网络随着时间不断地动态演化，在遵循择优联接的原则下，网络具有不断增长的趋势，表现出复杂的拓扑结构，许多复杂网络演化模型可以对企业网络的演化进行模拟研究。企业网络的演化能够涌现出社团结构，并具有小世界性。

6. 企业网络具有较强的市场影响力，在网络联接效应的作用下表现出垄断的特征，网络效应和锁定效应强化了企业网络的垄断地位。

7. 企业网络的出现改变了传统的竞争模式，呈现出一种基于企业网络的合作竞争模式，同时企业网络强化了市场竞争，并使得竞争更加多样化，表现为企业网络中企业之间的竞争、企业网络中的企业与外部企业的竞争、企业网络之间的竞争，以及企业网络与单个企业之间的竞争等多种竞争类型。

本书的创新表现在：建立网络科学范式的企业网络分

析框架，并引入网络科学分析方法，创造性地把网络科学分析思维和工具应用到经济学领域的研究，是研究范式、工具与视角的重大创新；对基于企业网络的市场结构的研究突破了传统的基于单个企业的垄断竞争分析范式，是对产业组织理论的创新、丰富和发展；在已有研究的基础上，融入网络科学分析范式，创造性地提出一些新概念，比如契约联接、产权联接、关系联接、聚集联接、模块化联接等概念是在结合现有理论和网络联接分析的融合发展而定义的，这些新提法体现了理论发展的连续性与突破性，具有创新意义。

本书试图以企业网络研究为基点，把网络科学理论与经济学理论进行融合研究，然而由于两个不同的体系都有其既定的分析框架，由于存在理论研究的路径依赖，要打破这种传统的分析框架存在较大的难度，本书只是作一个开启式的初步探索，两个理论体系的融合有待进一步探索。

关键词：企业网络；网络科学；复杂系统；网络科学范式；产业组织

Abstract

In the course of business, enterprises realize the importance of joint research and development with related enterprises, cooperative operations such as union production, co-marketing. They choose enterprises which promote their development in the open market to cooperate (link), which will eventually emerge a complex enterprise network system.

For theoretical research, new institutional economics put forward the concept of intermediate organizations, and research coordination mechanism between enterprises. Economic sociology introduced the concept of social embeddedness, realized the enterprise network is an organizational model that formed in the course of embedding in corporate behavior to the evolving social structure. More and more related theorists pay more attention on the enterprise network research gradually and achieve certain theoretical results.

In actual business operations, enterprise network based on the typical pattern of outsourcing, strategic alliances, virtual enterprises and enterprise clusters is booming in more and more industries and economic region. The rapid development of network information technology makes more and more e-commerce model favored by the enterprise, constitute an electricity network of mutual ties and cooperation in electric commercial enterprises based network platform, which is a new model of the enterprise network. The supply side and the demand side of the market are in the union for interests for themselves, the entire market is showing a pattern of a network, and it seems that companies have not the protagonist of the market, while the network is the market players.

Since the beginning of the new century, experts and scholars from the natural sciences to the social science disciplines have put in and pay close attention to the network research, which is a both ancient and fresh topic, and have made a major theoretical breakthrough. Network science is becoming an emerging interdisciplinary field of theoretical system. More and more economists have begun to attach importance to the research on the social embeddedness of economic operation and try to analyze the enterprise network using the concept of network system.

In the microscopic mechanism, we can apply economic theory and social theory to explain the formation of the enterprise network, but on the macro-structure, the structure and size of the enterprise network is difficult to use traditional theory to explain; the theory of network science, such as emergence evolution, self-organization, complexity, topology can be used to explain the macro-structure of the enterprise network.

   Network science concepts and ideas help us more clearly, o-verall to grasp the formation of the enterprise network and the operation mechanism, network properties of the organization and e-volution rules, which are difficult to explain by traditional economic theory. Neoclassical economics aside the study of the enterprise network, new institutional economics put forward the concept of intermediate organizations only to understand from the point of view of the transaction costs, economic sociology present that enterprise networks based on social relations is too vague, and strategic management use automatically the enterprise network as a way to get to superior resources, these theories are introducing the existence of the enterprise network, the methodology and framework for how to analyze network involve fewer or no in-depth and more ground standing in their respective research point of view or purpose to explore, and the lack of a holistic and general depth discussion. From the perspective of network science to study the enterprise network, the enterprise network is the abstraction research of node attributes and coupling attributes and unified network properties, which is based on both microscopic fields exploring, and a description of the macro-sight, getting rid of the traditional various theoretical fields independently, the dilemma of telling their own stories, incorporated into the study of the theory of the unified enterprise network research framework, making the enterprise network research based on the established theory and have the theoretical development of the comprehensive study, which is the theoretical innovation scientific attitude. Enterprise network research basing on network science paradigm, breaks the traditional organization based on transaction cost analysis paradigm, surpasses the understanding of studying economic phenomena by economics methodological tools, creatively applies to the field of economics research by network science and analytical thinking and tools, explores a study of an interdisciplinary field, which has the major theoretical innovation significance.

Enterprise network has become the norm in the economic and social, and the pattern of competition in the market in the traditional sense is being rewritten, the market competition is no longer between independent enterprises alone, but the competition between the groups in the enterprise network, the enterprise network as a whole shares the repartition market, which may form a monopoly-based enterprise network, enterprise networks increasingly become the main body of market competition or monopoly, and become a new type of industrial organization forms, which makes the monopolistic competition analysis based on a single enterprise outdated. Definition of market structure will also be reconsidered because of the development of the enterprise network, thereby promoting the new development of the theory of industrial organization. Market structure analysis based on the enterprise network will break through the traditional industrial organization theory based on the monopolistic competition analysis for a single enterprise, so that the government, academia and the business community have a new understanding and responding to the monopolization of the market, further, the theory of industrial organization, corporate behavior policy, government regulation and antitrust theory will have an innovation and development due to the development of the enterprise network. In this sense, the enterprise network research has theoretical innovation significance and practical significance for the new development of the theory of industrial organization.

Promoting the study of the enterprise network to the study of market structure of industrial organization is a breakthrough and surpassing to intermediate organization theory of New System School. Intermediate organization theory is only concerned about the research on the relationship between enterprises and the exploration to enterprise governance mechanism, to study the enterprise network from the point of view of the transaction costs of the enterprise, based on a non-network analysis paradigm. It stalled in the study of the problem of inter-enterprise transaction coordination without investigating the enterprise network as a whole on the market. In the network science paradigm analysis, the enterprise network is a whole concept, it is an agent with independent decision-making ability, and it participates in market competition with group behavior, which is natural to have an impact on market structure. So that the enterprise network research is grafted to

the industrial organization theory, and breaks through the tradi-
tional industrial organization theory based on study the behavior
of a single enterprise. Therefore, the enterprise network research
based on the network science paradigm this book will present is a
larger breakthrough and surpassing to the traditional industrial or-
ganization theory, the intermediate organization theory of new
system school and the enterprise network theory based on non-
network analysis paradigm, which has great theoretical signifi-
cance.

This book is based on the industrial organization theory,
complex systems theory and social network theory, from the per-
spective of network science to study the enterprise network, es-
tablishing a research framework for enterprise networks based on
network science paradigm, and further study the enterprise net-
work how to impact on the market structure and market competi-
tion, then reach the following basic conclusions.

1. The enterprise network is a complex system, which has
the main features of a complex system. The complexity of the en-
terprise network reflects in the link complexity, structural com-
plexity, dynamic, self-organization, self-similarity, evolutionary
complexity. In addition, the enterprise network has network
properties such as layered, embedded, external, lock, multi-at-
tribute.

2. The enterprise network is an emerged result in the
process of rational choice of the enterprise, the macroscopic

characteristics of the enterprise network is unpredictable. In the nonlinear interaction between enterprises, enterprise network topology is often manifested in the nature of small-world and scale-free nature.

3. The boundary of the enterprise network can be determined, from the four dimensions of the link strength, link frequency, multi-enterprise nodes, and dynamic stability to determine the boundary of the enterprise network. The enterprise network is an evolving concept, for a variety of classification according to different criteria for the classification of the enterprise network.

4. Link between enterprises is the key to the formation of the enterprise network; enterprises can join partnerships through contract link, property link, relationship link, cluster link, modular link, and internet link. Accordingly enterprise network types are strategic alliance, virtual enterprise, outsourcing network, franchise network, enterprise groups, enterprise clusters, modular network, and electricity network.

5. The enterprise network is a process of dynamic evolution. The enterprise network grows continually with a selection of the best link principle, and manifests a complex topology structure. Many complex network evolution models can be applied to simulate the evolution of the enterprise network. The evolution of the enterprise network can emerge a community structure and small-world network.

6. The enterprise network has a strong influence on the market, monopoly characteristics showing on the effect of network link, the network effects and lock-in effect strengthen the monopoly position of the enterprise network.

7. The emergence of the enterprise network changes the traditional mode of competition, showing a cooperative competition mode based on the enterprise network, at the same time the enterprise network strengthens competition in the market, and makes competition more diverse, manifests as a competition between enterprises in the enterprise network, between enterprises in the enterprise network and external business competition, enterprise networks, and the competition between the enterprise network and a single enterprise, and other competitive types.

The innovation of this book are as follows: Building a analysis framework for the enterprise network based on network science paradigm, the introduction of the network science analysis method, and putting creatively network science analysis thinking and tools applied to the field of economics, which is a major innovation of research paradigm, tools and perspectives; The research on the market structure based on the enterprise network breaks through the traditional monopolistic competitive analysis paradigm based on a single enterprise, which is the innovation, enrich and development of the theory of industrial organization; Based on the existing research, this book integrates into network science paradigm, puts forward some new concepts creatively, such as contract link, property link, relationship link, cluster link, modular link, internet link, which are defined by the integration of the development of the combined analysis of existing theory and network link, the new formulations show the continuity and the groundbreaking of theoretical development, which has innovative significance.

This book attempts fusion research using network science theory and economic theory on the base of enterprise network. However, because the two different systems have established analytical framework, due to the presence of a theoretical study of path dependence, it is more difficult to break this tradition of the analytical framework, this book is just for an open-preliminary exploration, the integration of the two theoretical system is to be explored further.

Keywords: Enterprise Network; Network Science; Complex System; Network Science Paradigm; Industrial Organization

· 目　录 ·

5

目
录

第1章 导 论

1.1 研究背景与意义

消费驱动型经济的发展，消费的碎片化、易变化，使得传统的生产供给模式变得不经济或不合时宜，为了迎合瞬息万变的市场需求，企业开始和购买商、销售商甚至消费者结成新型的密切的伙伴关系，以便充分考虑他们的需求。企业在合作联系中相互传递市场信息，及时转变应对市场变化，多企业的联合互动使得企业能够快速、低成本地生产市场所需产品和提供相应服务，以满足顾客多样化的需求，这就推动了企业网络的形成和发展。企业可以在产品的研发、生产和销售等多环节多阶段进行合作，这种联合既降低了成本和风险，又整合了各方的知识、技术和市场渠道，缩短了产品从研发、生产到供应的周期。企业在经营过程中意识到与相关企业进行联合研发，联盟生产、共同营销等合作运营的重要性，它们在开放的市场中择优选择能促进自己发展的企业进行合作（联接），最终将涌现出一个复杂的企业网络系统。

对于企业网络的研究，早在交易费用经济学经典理论中，威廉姆森就提出了中间性组织的概念，认为现实的经济系统中存在一种介于市场与企业之间的相对稳定的中间组织形态，并对企业之间的协调机制进行研究。理查德森（Richardson）、佩弗（Pfeffer）将威廉姆森称之为中间性组织的这些企业网络组织的优势概括为，基于企业间活动的互补性和资源依赖性而进行的一种组织协调（Richardson，1972）。这种组织协调有别于通过行政指令或一体化为某一个单独企业，概括地说这种协调的实现是依靠企业之间的多样化契约安排，它是一种更具有优势的组织结构。这种组织协调的优势在于降低生产成本及交易费用，促进技术的创新与研发。经济社会学强调经济行为分析的社会嵌入性，格兰诺维特认为企业网络是在企业行为嵌入到不断演变的社会结构中而逐步形成的组织模式（Granovetter，1985）。

在实际的企业运营中，企业网络以业务外包、战略联盟、虚拟企业、企业集群等典型模式正在越来越多的产业领域和经济区域蓬勃发展着。电子商务的发展为我们提供了一个全新的视角来审视企业网络的发展，阿里巴巴、淘宝、京东商城的迅猛发展正在颠覆传统的商业模式，并诞生了一个个电商网络，成为企业网络发展的一个新模式。

经济全球化使企业能够立足于全球范围寻找适合自己的合作伙伴，而网络、信息技术则以最快的速度使企业网络超越了空间的限制，进行全球资源重组。团购网的异军崛起让我们感受到消费者也可以结成伙伴联盟，共同向商家要价。市场的供方和需方，都在以联盟的方式为自己谋利益，整个市场呈现出一个个联盟网络的格局，似乎企业已不是市场的主角，而网络才是市场主体。

21世纪以来，从自然科学到社会科学的各个学科领域的专家学者纷纷投入到对于网络的研究，他们密切关注和研究这一既古老又新鲜的课题，并取得了重大的理论突破，网络科学正在成为一个新兴的跨学科领域的理论体系。在人文社科领域，对于网络的研究最早来自于社会网络的研究，展现了一幅网络状的社会生活图景，从社会现象的描述到社会学理论的总结，为我们更清晰客观地认识社会提供了理论指导。经济现象是社会现象的一部分，不能独立于社会结构，因此，对于经济理论的研究不能忽视其所嵌入的社会关系。越来越多的经济学者开始重视关于经济运行中的社会嵌入性问题的研究。郭劲光（2007）从经济社会学的角度对企业网络的研究可以说是这方面的尝试。

网络经济的发展为我们带来了丰富多彩的新颖的经济课题研究，面对日新月异的经济现象，我们不得不思考传统的经济理论是否已经过时，理论的发展需要与时俱进，那么针对企业网络的日益发展，传统的企业理论、产业组织理论是否还具有解释力，新兴的网络科学理论、社会网络理论是否可以解释和指导企业网络的发展，这些理论问题需要新时代的经济学者去面对和应答。

理论是对现象的抽象解释，然而作为理论工作者往往会只站在自己的理论领域里看问题，他们所得出的理论对于现实的现象也只是具有部分的解释力，甚至是有失偏颇的。经济学家同样存在这种局限性。传统的经济理论大多只是应用经济原理来分析经济事件，现实的情况是经济现象并不是一个纯粹的经济问题，而是融入社会领域里的一个问题，其产生或多或少都有社会的影子。这启发我们对于经济现象的研究不应只是假设它是纯粹的经济领域问题，企图用单一的经济理论工具来解释经济现象（其实也是社会现象）是不完全的，至少我们不应忽视其社会属性。

企业网络的出现让我们进一步看到了经济与社会的高度融合。企业结成联盟很多原因是基于企业间的社会关系，当然这种社会关系是有利于保护企业利益的，使得关系能够具有持久性。也就是说，关系建立利益，利益保证关系；同时又有，利益建立关系，关系保证利益。企业网络的形成，在微观机制上，我们可以应用经济理论和社会理论进行解释，但是在宏观结构上，企业网络的结构和规模却很难用传统的理论进行解释，而网络科学的涌现、演化、自组织、复杂性、拓扑结构可以用来解释企业网络的宏观图景。

网络科学是一门新兴的跨学科领域的研究复杂性网络的科学，在各界学者的研究努力下，逐渐形成一套成型的概念体系，网络科学的很多概念理论都可以应用于企业网络的研究。以下我们简要分析为什么可以应用网络科学理论与方法来研究企业网络。

1. 结构。网络结构的形成不是节点和链路（连边）的随机集合，也不是完全按既定规则形成的，而是有着独特的形式或拓扑，这就预示着功能服从形式——许多实际现象的行为方式是由它们的网络结构所决定的。企业网络的结构也不是随机形成的，它是在企业择优联接的驱动下，形成的一种结构与功能相适应的网络结构。

2. 涌现。作为动态网络取得稳定性的一个结果，如果它的变化是其他的十倍，那么该网络属性就是涌现。涌现是网络同步问题——稳定网络从一个状态迁移到另外一个状态直到它们到达某一固定点为止，然后就停留在那里。固定点是对网络的某一属性的相应数量级更改的重新配置。在经济系统中，具有共同利益的企业要比纯随机行为的企业高十倍的期望值形成企业网络，因为企业网络是通过偏好联接形成的。"hub 属性"或向心性是在网络取得一个新的固定点时某些不稳定因素通过网络的结果。这是开始时一无所有，结束时却具有上百万的订货者的在线网络商城背后的推动力。但是，并不清楚是什么成分加入到在线网络商城后造成了爆炸性的增长。与此类似，不清楚什么动力造成了网络属性的数量级的变化。企业网络也是一个涌现现象。

3. 动态特性。网络科学与网络结构及动态行为有关。动态行为经常是涌现的结果，或者是导致系统的固定点最终状态的一系列进化步骤的结果。企业网络是增长和变化的网络。我们必须理解它的动态属性以便全面理解企业网络系统。仅分析它的静态结构（如度序列）对于理解网络是不够的。企业网络也有网络同步的现象，这是每个企业动态行为的结果，也是企业网络的结构。

4. 自治（自组织）。通过"自愿地"到一起（联接）

的自治和自发行为的独立节点形成网络，而不是经过集中控制或集中规划形成网络。结构和功能来自于混沌，更多来自意外新发现而非决定论。例如，大的企业集团的形成是通过小公司的合并而来；企业集群的涌现来自不同产业链环节的各类企业；全球电信系统的形成来自于许多小的、本地的、独立的运营商。网络最初的配置是预谋好的，但是随着时间的推移，网络既可以以某种形式的熵开始"衰变"，也可以经过吸收能量适应或者更改。例如，产业区将会要么衰变并陷入不可复苏状态，要么通过创新发展、拓展、扩容等来改善和提升功能。

5. 自底向上演化。网络是从底部或局部层次上升到达顶部或全局层次的。它们不是自顶向下的设计和实现。这也可以被认为是一种分布式控制，这里网络演变是局部规则应用于局部而没有任何集中控制的结果。即使网络的初始结构是预谋设计好的，网络演变也是它们的动态行为的结果。"未经规划的系统"可以说明企业网络是从企业间的局部联接形成的。

6. 拓扑结构。网络的体系结构或拓扑是一种随着时间涌现的属性，作为一种难以捉摸的力量或节点的自治行为，经常是分布式的。如果其拓扑或其他属性随着时间函数而改变，网络就是动态的。如此一来，拓扑结构就是达尔文进化力量形成网络的结果。企业网络发展成无标度网络（具有主导 hub 的网络）是在经济理性的"偏好联接"无目的结果（调节律）的力量下出现的；或从复杂自适应系统实现分散的体系结构的"隐秩序"，如像微软公司那样的垄断产生。

7. 有用性。节点的有用性与其度（将节点联接到网络上的链路数量）的影响（链路值）以及介数或紧度成正比，网络的有用性与其节点、链路数和强度有关。例如，梅特卡定律定义网络的有用性与其包含的节点数的平方成比例（例如，n 个节点网络的最大链接数可以为 $n(n-1)/2$，这接近于 n^2）。一个人对一群人施加的影响与人在群内的位置、数量及同事的有用性成正比，例如人的连通性。企业在业界和市场中的有用性与客户（链路）的数量或其他在业界的中介位置成比例。有用性难以捉摸，但是在大多数网络中它是重要的组织原则，它经常被表述为其他的形态，如影响，信号强度或者感染率。

8. 稳定性。如果节点/链路改变速率或其拓扑既可以随着时间的推移减少，也可以在有限的限制内受限于阻尼震荡，那么动态网络就是稳定的。例如，动物心脏有规律和节奏的跳动，是受到用以调节节拍器的稳定的神经网络所控制；电网失去一个电厂，会通过快速地从一个电源切换到另一个电源而很快稳定下来，但不会终端供电；缺少合作者会造成短期的责任重新分配，而不会导致公司组织的停止运营。

网络科学的概念和思想有助于我们比较清晰地、整体地把握企业网络的形成和运行机理、组织的网络属性和演化规律，这是传统的经济理论难于解释的。新古典经济学抛开了对企业网络的研究，新制度经济学提出的中间组织概念仅是从交易成本的角度来理解，经济社会学提出了基于社会关系的企业网络显得过于空泛，战略管理学则机械化地把企业网络作为一种获取优势资源的途径，而且这些理论更多的是说明企业网络的存在性，对于如何分析企业网络的方法和框架涉及较少，或者不深入，并且较多地是站在各自研究的角度或目的进行探索，缺乏整体的、一般性的深入论述。从网络科学的视角来研究企业网络，可以把企业网络抽象为节点属性与联接属性的研究，并统一于网络属性的研究，既有微观领域的探讨，也有宏观视域的描述，摆脱了传统的各个理论领域各自为政、自说自话的窘境，可以把相关理论的研究纳入到统一的企业网络研究框架下，使得对于企业网络的研究既有既定理论的研究基础又有综合研究的理论发展，这是理论创新的科学态度。基于网络科学范式的企业网络研究，突破了传统的基于交易成本的组织分析范式，超越了用经济学方法工具研究经济现象的认识，创造性地把网络科学分析思维和工具应用到经济学领域的研究，为跨学科领域的研究作出了进一步的探索，具有重大的理论创新意义。

企业网络已成为经济社会里的一种常态，传统意义上的市场竞争的格局正在被改写，市场的竞争不再是独立企业之间的单打独斗，而是企业网络之间的群体竞争，企业网络作为一个整体对市场份额进行重新分割，由此可能形成基于企业网络的垄断，企业网络越来越成为市场竞争或垄断的主体，并成为一种新型的产业组织形态，这使得基于单个企业的垄断竞争分析显得不合时宜，市场结构的界定也将因为企业网络的发展而重新考虑，从而推动产业组织理论的新发展。基于企业网络的市场结构分析突破了传统的产业组织理论对于单个企业的垄断竞争的分析，从而使得政府、学界和企业界对于市场垄断要有新的认识和应对，进一步地，产业组织理论的企业行为策略、政府规制和反垄断等理论都将因企业网络的发展而创新发展。从这个意义上说，企业网络的研究对于产业组织理论的新发展具有理论创新意义和实践指导意义。

把企业网络的研究推进到产业组织市场结构的研究，这是对新制度学派中间性组织理论的突破和超越。中间性组织理论只是关注企业间的关系研究和治理机制的探索，它从交易成本的角度对企业网络进行研究，是一种非网络分析的范式，它止步于对企业间交易协调问题的研究，而没有把企业网络作为一个整体放在市场中去考察。我们认为，在网络分析范式中，企业网络是一个整体的概念，是具有自主决策能力的智能体，它以群体行为参与市场竞争，自然要对市场结构产生影响，从而把企业网络的研究嫁接到产业组织理论中来，而且突破了传统产业组织理论基于单个企业的行为研究。因此，本书将要进行的基于网络科学范式的企业网络研究是对传统的产业组织理论、新制度学派中间性组织理论和非网络分析范式的企业网络理论的较大突破和超越，具有重大的理论意义。

1.2　研究目的和问题

经济学，社会学和组织行为学在分析个体行为特征时，越来越多地采用另外一个概念：团体性"个体"，如利益团体（interest groups）、群体组织（collectivity organization）、和联盟（association），从作为"个体"的组织或集团的行为分析中，了解经济系统、政治系统或其他社会系统的宏观行为（Demange，2005；Levi，2001），而不是单纯地从原子式的个体行为中分析社会系统的宏观行为。

那么，原子式的个体是如何相互作用而形成诸如利益团体、群体组织、集团和联盟这样的"个体"（企业网络）的？群体组织和联盟中的"个体"（网络中的企业）是如何相互影响的？

经济学者的任务在于对新出现的经济现象进行理论解释与发展预判。随着企业之间分工合作的发展，企业网络越来越成为市场经济的主体，而对于企业网络的形成与演化，企业网络的结构与行为等理论问题，我们尚缺乏完整的清晰地认识。因此，有必要对企业网络及其演化进行深入的讨论，从而进一步讨论企业网络对于市场结构和市场竞争的影响。有关企业网络的研究在经济学和社会学都可以找到一些论述（Sydow，1997；Oliver，1990），其中包括理论方面和实践方面的研究，他们在传统的经济学理论基础上，重点研究了企业之间各种协调方式的特征和本质，比如社会网络研究了企业间的关联决策，战略联盟研究了企业间的风险分担和权利对等特征，等等。尽管涉及企业网络研究的成果不少，但这些探索远未能形成一个一致性的理论框架，甚至在相当大程度上尚没有列入正式理论研究的行列（安娜·格兰多里，2000）。

理论发展需要与时俱进。当今社会经济的发展日新月异并且复杂性增加，传统的经济学理论已经无法很好地诠释现实的经济发展状况和态势。特别是在经济全球化和网络化发展的背景下，企业面临更加严峻的局面同时也具有更大空间的市场竞争，为了获得企业发展战略资源和市场竞争优势，企业组织形态在动态地演进，表现出企业市场化和市场组织化的同步发展，企业与市场的边界越来越模糊，企业网络成为一种新的产业组织形态，而传统的产业组织理论并没有对企业网络进行论述，因此，迫切需要对企业网络的发展进行理论解释和总结，构建一套企业网络理论体系，并纳入正统的产业组织理论，为企业在市场竞争中创新发展提供指导。

经济是动态发展的，产业的发展也是动态演变的，产业融合和产业分化同时进行着，不断淘汰的产业和不断涌现的产业使得产业组织理论的发展远远滞后于现实的产业更替。随着产品内分工发展而形成的企业网络，或者是基于服务配套而形成的企业网络，使得以产品划分市场结构的产业组织理论面临着局限性。产业组织理论需要有新的理论工具以解释企业网络这一新现象。

网络科学的发展为解释企业网络提供了很好的理论工具，而这一学科与经济学科的融合发展才刚起步，企业网络正好是这两个学科的交融点，引入网络科学对企业网络进行理论分析将会大大拓宽传统的产业组织理论和企业理论研究，为理论创新提供一种新思路，为跨学科研究提供新阵地。

针对以上论述，我们认为对于企业网络的研究，迫切需要解决以下几个问题：

1. 企业网络的网络属性。企业网络是不同于市场与企业的新型组织形态，它区别于传统组织形态的特别之处在于其具有网络属性特征。那么企业网络具有哪些网络属性？企业网络不是随机形成的，也不是按规划的结构构造的，它的形成既有理性选择的结果，又受到不可控的随机因素的影响。那么，企业网络是否是介于随机网络和规则网络之间的一种复杂网络结构？是否也具有小世界性和无标度特征？

2. 企业网络的涌现问题。企业网络的形成不是预先规划好的，而是每个企业在基于各自的理性选择进行企业间的合作联接的基础上逐步发展起来的。涌现理论可以很好地解释这种现象。那么企业网络又是如何涌现的呢？涌现是复杂系统的典型特征，企业网络是否也是个复杂系统？

3. 企业网络的边界问题。既然企业网络是一种新的产业组织形态，那么它必然要有个组织边界，企业网络的边界该如何确定？企业网络的边界是固定不变的，还是动态变化的？企业网络的类型有哪些？

4. 企业网络的联接问题。网络是由于节点间的联接而形成的，企业是节点，企业间的关系是联接，那么企业网络的联接是如何产生的？有哪些联接类型？其作用机制又是如何？

5. 企业网络的演化问题。复杂网络具有涌现和演化特征，企业网络是如何动态演化的？其演化的动力学机制是什么？企业网络的演化具有什么特性？是否可以用复杂网络的演化模型来分析企业网络的演化？

6. 企业网络对市场结构的影响。企业网络的涌现突破了单个企业独立面对市场的竞争，而是以一种群体的行为参与市场竞争，以企业网络为市场竞争主体的市场结构将与传统产业组织界定的以单个企业划分市场结构具有明显的差异，因此，很有必要对基于企业网络的市场结构进行分析。那么企业网络是否具有市场垄断？其对市场的影响力如何？同时，企业网络中的企业有分配网络利润的诉求，其分配的准则如何确定？网络中的企业是一种合作关系还是竞争关系？当企业网络成为市场主体时，企业网络间的竞争又是如何？企业网络与单个企业是否也存在竞争？企业网络的出现使市场竞争更加复杂化，还存在哪些类型的竞争？

1.3 基本概念与假设

1.3.1 本书涉及的主要概念

本书从网络科学的角度出发，引入联接强度、联接频率、多企业节点和动态稳定性四个维度对企业网络进行考察，得出企业网络的定义。

定义1.1 企业网络：是多个企业节点相互之间具有较强程度、多频次（持续性）的联接，而形成的一个具有动态稳定性的网络经济系统。

现代系统科学认为演化是系统整体存在的基本特征，但演化是以涌现作为自己的中间过程，每一个新稳态的涌现都为系统向下一个稳定态的跃迁提供了新的可能。离开涌现，演化失去了中间过程而变得不可能。因此，涌现和演化是复杂系统两个具有内在密切联系的特征（范如国，2010）。企业网络是个复杂系统，存在着企业网络的涌现和演化。

定义1.2 涌现（emergency）：是指构成系统整体的各个部分之间在一定的系统环境条件下通过相互作用所形成的系统的稳态结构。正如恩格斯所说，世界不是一成不变的集合体，而是过程的集合体。这个"过程的集合体"是由演化来实现的（龚小庆，2005；Smith，1998）。

定义1.3 演化（evolution）：是指系统在内外部因素的影响下所产生的跃迁或分岔的过程。

定义1.4 企业网络的涌现：是指多个企业之间在一定的环境条件下，在相互作用的过程中所形成的企业网络状态。

定义1.5 企业网络的演化：是指企业网络从一个博弈均衡到非均衡，再到另一个博弈均衡的一个不断反复的动态过程。企业网络演化的方向就是由现在的企业网络状态，指向由所有节点企业的优化选择行为所确定的一个博弈均衡，这一均衡本质上是动态的。

企业网络中的企业，由于连通性、价值创造等方面的差异，在网络中的地位和作用不同，可以分为核心企业和非核心企业。

定义1.6 核心企业：是指在企业网络中，通过某种联接与多个其他企业联接，而且按照某种值范数衡量下，处于中心、突出位置的企业。核心企业具有较强的连通性、较大的价值创造性和保障网络稳定性，它往往能发展为网络的领导者，对于企业网络的发展起核心作用。

定义 1.7 非核心企业：是指在企业网络中，通过某种联接与其他企业联接，但它在网络中不发挥核心作用的企业。

1.3.2 本书研究的几个假设

本书是在现实的经济社会背景下研究企业的行为，因此不能把企业认定为是经济理论中的一个黑匣子，而是既有经济利益性又有社会关系性的智能主体，同样的，企业间的关系具有经济交易性和社会交往性。因此，特作以下几个假设。

假设 1.1 网络中的企业（个人）具有趋利性和机会主义倾向，同时也是可以通过互利与重复交易增强信任关系的，具有认知能力的企业（个人）。

假设 1.2 企业是生产、服务和交易的组织，是能力与知识的结合体，是个智能体；同时企业又是异质的，不同企业在重要的特征上存在差异性。

假设 1.3 在市场交易关系之外，企业之间还存在交互联系（connection）、互为合作（cooperation）和相互依赖的关系。

1.4 研究内容和方法

1.4.1 研究内容

第一章 导论。首先分析了选题的现实背景和理论背景，阐明了研究的意义；其次论述了本书的研究目的和问题，并解释了文中涉及的基本概念和假设，阐述了本书的研究结构框架以及研究的主要内容。最后，介绍了本书应用的研究方法和创新及不足之处。

第二章　理论综述。归纳梳理了本书研究的主要理论基础：产业组织理论、复杂系统理论和社会网络理论，分类比较了已有关于企业网络的研究理论视角、研究方法、研究结论最新进展。在对已有研究的主要贡献和局限性进行综合评价的基础上，确定本书的研究框架。

第三章　企业网络的网络属性及涌现。对企业网络的复杂性、层次性、嵌入性、外部性、多属性等网络属性进行分析，并从复杂系统的涌现出发，介绍企业网络的涌现模型和特征。

第四章　企业网络的边界。分析了企业网络边界确定的四个维度：联接强度、联接频率、多企业节点和动态稳定性，由此界定了企业网络的研究边界，并给出了企业网络的定义，最后介绍了企业网络的多种分类。

第五章　企业网络的联接及其作用机制。企业间的联接是企业网络形成的关键，首先对网络科学中关于联接的表示法及联接模式进行分析说明，进一步阐述了联接的强弱性及相互转化，最后分析了企业间的契约联接、产权联接、关系联接、聚集联接、模块化联接、互联网联接等多种联接方式，并对其作用机制进行分析。

第六章　企业网络的演化分析。分析企业网络的动态演化特性，并应用复杂网络模型对企业网络的演化进行分析，得出了企业网络演化具有社团结构和小世界性的观点。

第七章　基于企业网络的市场结构分析。分析企业网络特有的市场影响力，企业网络作为一个市场主体，具有市场垄断的趋向，企业网络的出现改变了市场的竞争格局，呈现出以合作为手段的网络之间的竞争模式，市场竞争更加激烈，表现在网络中企业之间的竞争、网络中的企业与潜在入网企业的竞争、企业网络之间的竞争、企业网络与单个企业之间的竞争等多种竞争同时并存。

第八章　结论和展望。对本书的研究结论进行总结，并对进一步的研究前景和思路进行展望。

本书章节安排的逻辑结构和逻辑联系说明见图 1 - 1。

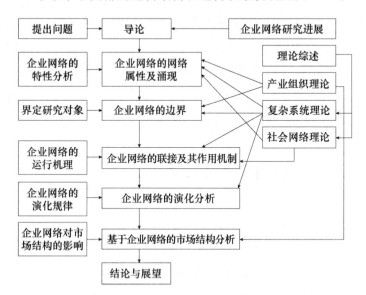

图 1 - 1　本书研究内容结构图

1.4.2 研究方法

1. 规范与实证相结合，偏重规范的研究方法

本书把企业网络研究看成产业组织理论研究的扩展，通过研究企业网络形成的联接机制，企业网络的涌现和演化机理，展示了一个新兴的动态发展的稳定性产业组织形态，并进一步分析了企业网络对市场结构和市场竞争的影响，丰富了产业组织理论。本书运用了一定量的数理推导，使得本书的论证过程严密、简捷和条理清晰。

2. 多学科研究方法

本书基于网络科学的视角，从系统论的角度、复杂网络的角度、演化论的角度、社会学的角度、经济学与管理学结合的角度，多学科跨领域对企业网络进行研究。

3. 应用网络科学的研究方法

本书在分析企业网络的涌现、演化的过程中，应用了网络科学的建模（以网络结构与演化等模型为重点）与仿真、分析及预测的研究方法。

1.5 创新及不足之处

1.5.1 本书的创新点

1. 研究范式、工具与视角的创新

建立网络科学范式的企业网络分析框架，并引入网络科学分析方法，突破了传统的基于交易成本的组织分析范

式，超越了用经济学方法工具研究经济现象的认识，创造性地把网络科学分析思维和工具应用到经济学领域的研究，是研究范式、工具与视角的重大创新。

针对企业网络复杂问题的研究，应用复杂性科学非线性方法论，创新了观察问题的新视角以及分析问题的新思维。

在研究企业网络的网络属性和涌现、网络联接和演化时，提出的网络多样性、联接度、社团结构、无标度及小世界属性、网络涌现、自组织演化等，应用了复杂网络理论提出的一系列概念、命题、基本原理及其相关的理论，充实了网络科学分析范式的框架，使得对于企业网络的研究拥有了新的理论视角、理论工具和研究思路，这是一个较大的创新，拓展了企业网络研究的理论方法和研究视野，具有重要的学术价值。

2. 理论与理念的突破

对基于企业网络的市场结构的研究突破了传统的基于单个企业的垄断竞争分析范式，引起理论界和实业界对企业合作行为的重视，对这种新型产业组织范式提供较为系统性的理论论证，是基于新经济时代背景对产业组织理论的创新、丰富和发展。

本书分析企业网络作为一个新型的市场主体具有垄断的趋向，突破了传统的单一主体的垄断问题研究，扩展了垄断理论的研究领域，引起学界和政府以一个新的思维视角来看待垄断问题。同时，对于企业网络带来的多种竞争形态分析，丰富了市场竞争理论，启发企业客观分析自身在各种市场竞争态势中的位置，采取合作竞争的策略应对新形势下的市场竞争。

通过分析企业网络的协同效应以及合作稳定性，促使企业突破传统的经营理念，摆脱机会主义和零和博弈思维，树立注重信誉、共同拥有、共同分享以及合作共赢的理念，从而分享合作带来的共同收益。

3. 理论概念的新提法

本书建立一个网络科学范式的企业网络分析框架，并把企业之间的多样化关联关系统一到网络联接的研究中。关于企业之间的关系研究散见于各个理论领域，比如契约理论、产权理论、社会网络理论，产业集群理论、模块化理论等对于企业间的关联机制都有一定的论述，本书在已有研究的基础上，融入网络科学的分析范式，创造性地提出一些新概念，比如契约联接、产权联接、关系联接、聚集联接、模块化联接等概念是在结合现有理论和网络联接分析的融合发展而定义的，这些新提法体现了理论发展的连续性与突破性，具有创新意义。

1.5.2　本书的不足之处

1. 缺乏数据实证研究

由于本书研究的企业网络是试图从各种类型的企业网络中探寻其共性的理论基础和运行规律，因此，如果只是通过某个类型的企业网络数据进行实证分析，可能缺乏说服力，而整体的企业网络分析数据又是不可能的，所以本书放弃了数据实证研究。

2. 把网络科学理论与经济学理论进行融合有待进一步
探索

本书试图以企业网络研究为基点，把网络科学理论与
经济学理论进行融合研究，然而由于两个不同的体系都有
其既定的分析框架，也许因为路径依赖的缘故，要打破这
种传统的分析框架存在较大的难度，本书只是作一个开启
式的初步探索，尽管有一定的研究成果，但完美的理论框
架还远未完成，两个理论体系的融合有待进一步探索。

第 2 章　理论综述

2.1　产业组织理论

产业组织理论主要是运用微观经济学理论对市场、企业以及市场与企业的相互关系进行分析，对市场结构和组织、企业结构和行为以及市场与企业相互关系、作用和影响进行研究。本书认为，企业理论、市场理论以及企业网络理论（中间组织理论）都是产业组织理论的组成部分，而且企业网络理论是以企业理论和市场理论为基础发展起来的，并有自身的理论特点，因此，我们在本节简要回顾下产业组织理论的这三个理论部分的主要观点。此外，竞争与垄断是产业组织理论的核心部分，企业网络的涌现对于市场中的竞争与垄断都会有新的表现形式和影响，本节也将综述关于竞争与垄断的一些理论，为我们分析企业网络的垄断与竞争提供理论基础。

2.1.1　关于市场组织

1. 市场作为价格机制

新古典学派把市场抽象化为理性地厂商和消费者基于

各自的利益最大化和效用最大化进行均衡分析。马歇尔认为，市场是一种价格调节供需的机制，他指出市场是依靠价格机制运行的，并且揭示出价格机制的本质是协调经济活动的一种协调机制。

2. 市场作为一种制度

把市场作为一种制度来分析早在亚当·斯密就有了一定的论述，他在《国富论》中明确指出了"市场是一种协调经济活动、组织分工的制度"，提出了"看不到的手"的论断。制度学派由于对市场的制度分析而得名，其代表人物哈耶克认为，市场这种制度的形成是人类在社会经济活动中相互竞争、相互联系以及相互作用的自然结果，并指出"市场本质上是分散化的"。新制度经济学的代表人物科斯、威廉姆森、诺思等都认为市场是作为一种制度而存在的。科斯认为，市场是一种制度形式，具有协调功能，它可以促进经济活动，促使资源的优化配置。本质上说，价格机制决定了市场制度的功能作用。同时他还指出市场制度的运行是需要付出成本的，存在着市场交易费用。诺思在《制度、制度变迁与经济绩效》一书中描述了市场发展的主要步骤，并指出市场是一套混合的制度体系，这些制度有的能提高效率，有的则降低效率。张五常（1983）认为市场是一种契约形式，是产品所有权交易契约。

3. 市场作为网络

马克思在宏观社会背景下对市场进行了考察，他认为市场实质上是由各种社会关系组成的。怀特（H. White, 1981）认为市场是一种社会结构，它是由许多相互关联的物品生产者集团组成的，对市场的研究不应忽视市场参与者的互动及其对市场参与者的内在影响。伯特从分析市场参与者的相互关系入手研究市场，他采用"市场自治"来描述市场结构，认为公司与竞争者的关系、公司供应商之间的关系以及公司消费群之间的关系直接影响着市场的结构自治性，并且市场的结构自治程度与利益大小成正比（Burt，1983）。贝克尔在网络分析的视角下，清晰地描绘了市场结构的形成过程。他认为市场不是同质的，而是以各种方式构建起来的，对这一结构进行分析便成为"市场作为网络"的理论的中心任务（W. Baker，1984）。贝克尔得出了至少两种不同类型的市场网络：小的密集的网络与大的松弛的网络。

赖普清、姚先国（2011）认为，市场是"无形之手"和"有形之网"的有效结合体。"无形之手"揭示了价格体系作为市场经济的资源配置和信息交流机制的本质，"有形之网"揭示市场作为一个组织有机体的宏观架构和微观组织结构。

2.1.2 关于企业组织

1. 企业是价格机制的替代物

科斯在对市场制度的运行进行考察思索后，指出，"使用价格机制是有成本的"，由此提出了"交易成本"的概念，进一步地认为存在一种价格机制的替代物，即企业组织的出现。与市场相比，企业可以节省交易成本，提高组织效率。

2. 企业是组织交易的规制结构

威廉姆森将企业定义为一种组织交易的规制结构，并且在他看来，企业、市场以及企业与市场的混合形式都是组织交易的规制结构。他以交易成本作为基本的分析单元，通过比较不同的经济组织模式的交易成本来评价它们配置资源的相对效率。威廉姆森不仅注意到了企业与市场的相互替代，而且注意到了二者的互补。

3. 企业是一种契约形式

从科斯出发，张五常发展出企业的契约理论。契约理论认为企业是由一组契约关系组成的一种契约形式。张五常认为，市场和企业都是一种契约形式，产品交易是市场的契约关系，而要素交易是企业的契约关系，市场与企业之间的替代关系实际上就是两种契约形式之间的替代。

马克思把资本主义企业看成是一种契约的组织形式，并认为企业是一个由契约结合而成的经济利益的矛盾统一体。企业的契约关系因其所包含的对劳动的内部权利关系而不同于一般的市场交易契约关系。

4. 企业是一个能力的结合体

把企业从规制结构研究引入到企业内部研究的第一人是潘罗斯（Penrose，1959），她结合企业资源的分析提出了企业能力的思想，从此开启了关于企业能力论的研究。尼尔森和温特（Nelson and Winter，1982）、沃纳菲特（Wernerfelt，1984）、普拉哈拉德和哈默（Prahalad & Hamel，1990）等拓展了企业能力理论。他们把企业的边界问题用企业能力来解释，研究企业的能力本质特征，并解释了企业竞争优势的来源和如何保持企业的核心竞争能力等问题。企业能力理论认为，企业本质上是多种能力的结合体，每种能力在企业成长中的重要性不同，维持企业长期竞争优势的是企业的核心能力，是企业的本质。企业的能力决定着企业的作用边界，企业能力的提高和扩张促使企业的不断成长。企业的能力发展随着内外部环境条件的变化而具有动态性和不均衡性，企业在成长过程中要保持竞争优势就必须不断地吸收外部能力，并积累、培育企业内部的核心竞争力，以取得利润最大化（王拓，2008）。

理查德森和温特认为，企业的能力是个整体的概念，其核心是企业拥有的无形的、隐含的知识，这种知识不能分解为任何个人的知识。作为整体的企业能力不能分解为工程师或各式各样的人、设备和装置。

5. 企业是一组社会关系的集合

马克思认为，企业不是单纯的经济组织，而是在特定生产关系条件下的企业，生产关系反应的是人与人之间的关系，事实上就是社会关系。韦伯在《经济与社会》一书中，将企业定义为"一种通过规则对外来者的进入的封闭而又限制的社会关系"，指出企业就是一组社会关系的集合，并且是通过一定的规则集合而成的社会关系体系，而这一规则就是权力。企业所反应的是一种权力关系，一种由权力创造的秩序。卡斯特和罗森茨维奇从系统论的视角来分析企业，其中也阐述了企业的社会系统功能。

格兰诺维特认为，社会关系总是渗透于各个企业之中的，企业及其经济行为是嵌入于社会关系网络之中并受其限定的（M. Granovetter，1985）。他认为，社会关系网络影响着企业之间的交往与联系，社会关系的良好程度有利于企业间的持续交流和密切合作。同时，企业内部也存在着社会关系网络，存在于企业内部的社会关系网络往往对企业正式权威起到或增强或削弱的作用。

2.1.3 关于中间性组织

威廉姆森在"经济组织比较：两种可替代的独立结构分析"一文中指出，协调交易的规制结构（Governance Structure）随着交易性质的不同而有所差异。科层组织与市场存在着不一样的规制结构，并且一种科层组织与市场"杂交"（Hybrid）的规制结构存在于纯科层和纯市场两极之间，由此中间性组织思想的萌芽也随之产生。

从很多文献来看，学者们关于中间性组织的研究大多从规制结构进行考察，认为中间组织是介于市场与企业之间的组织状态，它是基于分工协作协调需要而建立的一种组织安排（理查德森，1972）；中间性组织具有多种形式（丸川知雄，1999），它可以节省市场交易成本和企业协调成本（迈克尔·迪屈奇，1999），提高组织效率。

也有学者结合社会网络理论和交易成本经济学对中间性组织进行考察，比如 Candace Jones（1997）从两个理论结合的视角着重研究了市场、企业、中间性组织三者本质上的不同特征及适用类型。他指出，交易在下列条件下适合用中间性组织形式来协调，例如人力资本专用性较高的、交易频率较高的、需求不确定性较高的以及任务复杂性较高的情况。

中间性组织的提出和研究发展是理论界对于组织理论研究的一个重大贡献，它符合经济实践的发展趋向。由于中间性组织的形式多样，可以探索的研究方向很多，我们承认中间性组织理论研究还存在很多探索盲点，而关于企业网络的研究已为我们找到了一个理论突破口。

2.1.4 关于竞争与垄断

产业组织理论阐述了存在于市场经济中的竞争和垄断的基本理论，把竞争、垄断和它们的关系作为其研究的重点。

从亚当·斯密到马歇尔，西方经济学主流理论一直是以充分竞争型市场结构为基本理论假定，认为通过市场的充分竞争机制可以实现资源的最优配置。在解析工业组织和其规模经济时，马歇尔指出，企业规模效益的产生在于大规模生产能力，从而产品的单位成本降低，市场占有率升高，因此使得市场结构中的垄断因素增多，而垄断的形成在资源配置中起到了反竞争作用，从而使得自由竞争受到了阻碍。怎样解决竞争和追求规模经济可能造成垄断之间的关系，即"马歇尔冲突"，已成为研究产业组织理论的中心问题。

垄断竞争理论（Chamberlin，1933；J. Robinson，1933）的提出纠正了传统自由竞争概念。垄断竞争理论依据垄断因素的有无和强弱程度，把市场形态依次划分为从独家垄断到完全竞争的多种类型，打破了以往要么垄断、要么竞争这样一种极端和互相对立的观点，认为现实世界中通常是各种形式的不同程度的垄断和不同程度的竞争交织并存，使市场结构的区分和研究更加接近现实经济生活。

约翰·克拉克（J. M. clark）于 1940 年率先阐述了有效竞争这一含义，认为有效竞争是一种对发挥规模经济以及维护竞争局面都起到积极作用的竞争格局。之后，哈佛大学教授梅森（Mason）归纳出两类基本的有效竞争标准，即有效竞争标准的二分法，一是将能够维持竞争有效性的市场结构的形成条件归纳为市场结构标准；二是将从市场绩效角度来判断市场有效竞争的标准归纳为市场绩效标准。后来，很多经济学家把市场结构、市场行为和市场绩效作为有效竞争的三个标准。

20 世纪 70 年代以来，被称为新产业组织理论的"可竞争市场理论"（Contestability Theory）逐步产生影响。主要贡献者是鲍莫尔（W. Baumol）、贝利（E. Bailey）、潘扎（J. Panzar）和威利格（R. Willig）等学者[1]。贝利、鲍莫尔和威利格等人于 1982 年在《可竞争市场与产业结构理论》中提出了可竞争市场理论，并对其进行了系统的分析。可竞争市场是潜在进入者可以自由进入和退出市场，而不会受到市场壁垒的约束。在完全可竞争（perfectly contestable）市场中，市场外部存在着许多随时都会参与到市场竞争的潜在竞争厂家，这些厂家对在位企业产生了可能的威胁，这如同在位企业间的实际竞争一样，它们都能约束在位企

---

① 黄桂田：《产业组织理论》，北京大学出版社，2012 年版，第 10 页。

业的价格策略以及产量策略等行为决策，从而促使通过市场竞争行为实现理想的经济绩效。

垄断是竞争的伴生物，竞争与垄断是一个矛盾统一体。经济学家普鲁东认为，"垄断是竞争的必然结局，竞争在不断的自我否定中产生出垄断。垄断的这种起源就证明了垄断的正当……"① 从竞争中产生的垄断，在压制和排斥竞争的同时，又进一步扩展和促进竞争，把竞争引向更高一级的层面。垄断和竞争存在着多维及复杂的关系，绝对不是简单的相互排斥的关系。在某种场合，垄断可能会限制竞争，但在另外场合，垄断可能不仅不会限制竞争，反而会使竞争更加激烈。马克思曾经说过，在我们的日常生活中，我们随时都会发现竞争、垄断以及它们的对抗，同时还会发现它们的合题。"垄断产生竞争，竞争产生垄断。……垄断只有不断地投入到竞争中才能维持自己。"②

B. J. Nalebuf 和 A. M. Brandenbuger（1996）提出了合作竞争理论。他们认为，作为一种不同于一般的博弈，企业经营活动可以达到双赢的非零和博弈的目的，在经营过程中企业可以合作也可以竞争，是合作式的竞争，并且着重指出合作对于竞争的重要性。

我国学者乌家培认为，信息网络特别是互联网的出现与发展使竞争与合作的范围得以扩大，并使竞争与合作之

---

① 转引自：占广、李福刚："走出垄断的误区"，《理论月刊》，2003 年第 5 期。

② 转引自：占广、李福刚："走出垄断的误区"，《理论月刊》，2003 年第 5 期。

间相互转化的速度进一步加快，市场竞争的方式得以改变，出现了新型的竞争合作或合作竞争的竞争模式，开启了网络经济"大竞争"的时代，随之产生的一种称之为"竞争性垄断"的市场形态与完全竞争、垄断竞争、寡头垄断、完全垄断具有明显的区别。竞争性垄断是依靠所赢得的一时性经营垄断，既可以阻止其他竞争者进入，又可以使检测垄断的传统方法即价格高于边际成本的程度失效，而并没有损害消费者的利益。可持续的竞争优势转变为以依靠信息与知识为主，而不再以自然资源或可利用的资金为主要依靠①。

2.2　复杂系统理论

"复杂性"（complexity）概念的提出已经有很长的历史，但关于"复杂性"的研究只是从 20 世纪才开始兴起，目前对"复杂性"的研究在国内外已成为许多学科研究的前沿和热点，成为一个新兴的跨学科的研究领域。

法国哲学家埃德加·莫兰（Edgar Morin）是当代系统地提出复杂性方法的第一人，他在 1973 年出版的《迷失的范式：人性研究》一书中提出"复杂性"思想，主张以整体和部分共同决定系统来修正传统系统观的单纯整体性原则（Edmomds et al. ，1996）。1980 年，普利高津（Prigog-

---

① 徐坤："访著名网络经济学家乌家培研究员"，《北京经济瞭望》，2000 年第 1 期。

ine，1980）首次提出了"复杂性科学"的概念，他认为今天物理科学正在从决定论的可逆过程走向随机的、不可逆的过程，并阐述了物质进化机制的耗散结构理论。1984年美国的桑塔菲研究所（Santa Fe Institute，SFI）成立，提出了"复杂性科学"的理论，桑塔菲现在被视为世界复杂性问题研究的中心（Holland 1992）。

复杂系统通常是指拥有数量巨大的、按照一定规则相互联系、交互作用的单元（行为主体）构成的事物或现象。Holland（1992）、Edmomds et al.（1996）、Goldstein（1999）等研究认为，复杂系统具有以下典型的特征：

（1）复杂系统是由一定数量的智能的行为主体为基本单元而构成的系统；

（2）复杂系统中的各个行为主体是异质的，它们在重要特征上存在差异；

（3）复杂系统中的行为主体能够适应所处环境的变化而随着时间动态的演变，它们能够从经验中学习，经历演化过程的自然选择；

（4）复杂系统中的行为主体了解自己活动的结果并作出相应的反馈行动；

（5）复杂系统中的行为主体是以一个群体出现的，它们具有一定的层次组织结构，复杂系统随时间演化的方式受到其结构特征的影响；

（6）复杂系统具有涌现特性，表现为产生出与构成个体不同的、无法从个体系统预测出来的整体行为模式。

复杂系统理论的主要内容包括复杂网络理论、系统动力学理论、自组织理论等。

2.2.1　复杂网络理论

复杂网络是复杂系统研究的重要组成部分。复杂网络的研究重点是构建各种网络模型来理解分析网络的拓扑结构特征等统计性质，并在分析或设定网络形成规则的基础上，模拟预测网络系统的行为（Newman，2003）。

复杂网络是由点和线构成的具有复杂结构特征的网络，以下几个图分别展现了社会网络、信息网络、生物网络等复杂网络的拓扑结构性状。

复杂网络理论研究包括静态的网络统计结构特征分析和动态的网络演化、网络动力学研究，同时关注网络结构的复杂性及其与网络行为之间的关系。

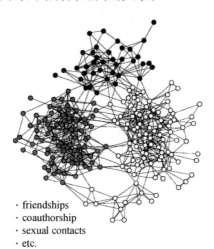

· friendships
· coauthorship
· sexual contacts
· etc.

图 2 - 1　社会网络结构图

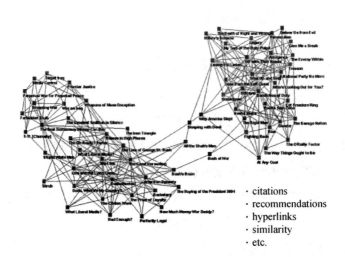

· citations
· recommendations
· hyperlinks
· similarity
· etc.

图 2 - 2　信息网络图

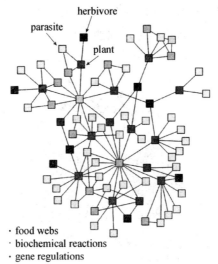

· food webs
· biochemical reactions
· gene regulations
· neurons
· etc

图 2 - 3　生物网络图

1. 网络的图表示

从数学抽象来看，网络是由点集 V 和边集 E 组成的图 $G = (V, E)$。$N = |V|$ 表示节点数，$M = |E|$ 表示边数。E 中每条边都有 V 中一对点与之相对应。按连边性质可以把复杂网络划分为：

（1）无向网络（undirected network）：是指任意点对 (i, j) 与 (j, i) 对应同一条边的网络；

（2）有向网络（directed network）：是指任意点对 (i, j)

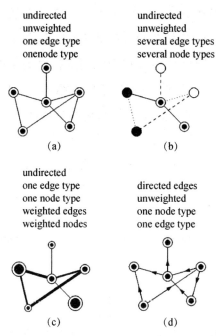

(a) 单一类型节点和无向网络；　(b) 不同类型节点和边的无向网络；
(c) 节点和边权重变化的无向网络；　(d) 有向网络

图 2 - 4　不同类型网络的例子

资料来源：Santa Fe Institute

与 (j,i) 不对应同一条边的网络；

（3）加权网络（weighted network）：是指赋予每条边相应的权值的网络；例如，在企业网络中可以用权表示两个企业的联接强度。

（4）无权网络（unweighted network）：是指没有给每条边赋予相应的权值的网络。

图 2 - 4 给出了几个不同类型的网络的例子。

2. 复杂网络的统计性质

复杂网络和一般复杂系统一样，都具有涌现和演化两个基本特征。但在复杂网络的研究中，这两个特征是通过其拓扑结构、统计指标及它们之间的标度关系的涌现和演化来表征的。一般地，我们用给定网络 $G = (V, E)$ 的微观量的统计分布或者统计平均值来刻画复杂网络的宏观性质，常见的复杂网络的统计指标有：度及其分布特征、平均路径长度、中心性、聚集系数、介数及其分布特征、网络弹性等。

（1）度分布

与节点相联接的边的数量称为一个节点的度。因此，节点 i 的度为

$$k_i = \sum_{j=1}^{N} g_{ij} \qquad (2.1)$$

即矩阵 $G = (g_{ij})_{N \times N}$ 第 i 行元素的和。其中

$$g_{ij} \begin{cases} 1, & \text{若节点 } i \text{ 与 } j \text{ 之间有边相连} \\ 0, & \text{若节点 } i \text{ 与 } j \text{ 之间没有边相连} \end{cases} \qquad (i \neq j)$$

并规定 $g_{ii} = 0$。假设两个节点之间以概率 p 进行联接，

则 $g_{ij}(i \neq j)$ 服从参数为 p 的 $0 \sim 1$ 分布，因此，由式（2.1）并注意到 $g_{ii} = 0$ 可知，每一个节点的度均服从二项分布。一般用概率分布函数 $P(k)$ 来表示网络的度分布，即 $P(k)$ 描述了网络中一个随机选取的节点有确切的 k 条联接边（联接度为 k）的概率。

（2）平均路径长度

网络中的任意两个节点之间有一条最短的路径，平均路径长度 L 是指网络中所有的节点对之间的最短路径上边数的平均值。其计算公式为：

$$L = \frac{2}{n(n-1)} d_{ij} \qquad (2.2)$$

其中，n 为网络节点数，$d_{ij} = |l_{ij}|$，l_{ij} 为任意两点的最短路径。

（3）聚集系数

网络中节点与节点集结成群的趋势一般用聚集系数 C 来表示，其数学含义是与一点相连的点也彼此相连的平均概率。聚集系数 C 用来描述网络中节点的聚集情况，即网络有多紧密。更准确地说，可以把聚集系数 C 定义为一个节点的相邻节点也可能是彼此的相邻点，即朋友的朋友之间相互是朋友的概率。

聚集系数 C 的计算方法：对于每一个节点 i，所有与节点 i 有边直接相连的节点的集合称为节点 i 近邻集合 N_i，记 $n_i = |N_i|$，E 为网络中所有边组成的集合，N_i 中存在的边的数量为

$$M = \sum_{l \in E; x, y \in N_i} \delta_l^x \delta_l^y \qquad (2.3)$$

其中 $\qquad \delta_l^i = \begin{cases} 1, & \text{如果边 } l \text{ 包含定点 } i \\ 0, & \text{否则} \end{cases}$

显然，近邻集合 N_i 中的 n_i 个节点所有可能的边共有 $n_i(n_i-1)/2$ 条。

$$C_i = \frac{2M}{n_i(n_i-1)} \qquad (2.4)$$

即为节点的聚集系数。整个网络中所有节点的聚集系数的平均值即为网络的聚集系数，记为 C，即有

$$C = \frac{1}{N}\sum_{i=1}^{N} C_i \qquad (2.5)$$

显然，由定义知 $C \leqslant 1$，在一般的网络中，聚集系数 C 均小于 1，只有在完整网络中，C 才能等于 1。一般地，随机网络的平均聚集系数 $C \sim 1/N$，而现实网络的平均聚集系数都远远大于 $1/N$。当然，大多数网络的聚集都明显小于 1，这表明现实中存在的大量网络应该是介于随机网络与完全联接网络之间，社团化的趋势比较明显。

（4）介数

介数用来计算通过某一个节点的所有最短路径的数量，反映了节点对网络的影响力。其计算公式为：

$$B_\mu = \sum_{i,j} \frac{\sum_{l \in S_{ij}} \delta_l^\mu}{|S_{ij}|} \qquad (2.6)$$

其中：B_μ 为节点 μ 的介数，S_{ij} 为（i,j）之间最短路径的集合。

由此可以得到每一个顶点的介数。

在企业网络中，介数的分布特征反映了不同企业在网络

中的地位，这对于网络中发现和保护关键企业具有重要意义。

介数是一个重要的全局几何量（统计性质），它反映了节点的影响力，可以用介数来衡量节点控制其他节点之间信息流的能力。介数可能作为判断网络中最有影响力的节点的一个指标。

3. 网络模型

（1）规则网络

规则网络指的是网络中的节点遵循一定的联接规则，表现出一种可预计的有规则的拓扑结构特征，如图 2 - 5 所示。

（a）全局耦合网络　（b）最近邻耦合网络　（c）星型网络

图 2 - 5　几种规则网络

资料来源：汪小帆等（2006）

（2）随机网络

随机网络指的是网络中的节点联接是随机的，表现出一种不可预计的具有随机性的拓扑结构特征。通过按给定的概率 p 模拟随机网络的生成，可看出随机网络具有小世界特征，但其没有高聚集性。

（3）小世界网络

小世界网络是介于完全规则网络和完全随机网络的一

种网络拓扑结构，如图 2 - 6 所示。

小世界网络的构造算法如下：

1）以规则网络为起点构造网络。假设构成一个环的规则网络有 N 个节点，每个阶段有 K 边。

2）以概率 p 随机性重联它的边。将边的一个端点保持不变，另一个端点以概率 p 随机地重联网络中的另一个节点。并且规定，任意两个不同的节点之间至多只能有一条边，而且每一个节点都不能自我联接。

在上述模型中，$p = 0$ 时网络为规则网络，$p = 1$ 时网络为随机网络，通过调节值 p 就可以控制从规则网络到随机网络的过渡，如图 2 - 6 所示。

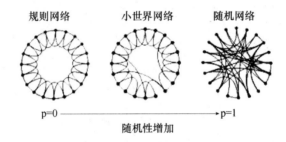

图 2 - 6　小世界网络

资料来源：Watts 和 Strogatz（1998）

（4）无标度网络

具有幂律形式 $P(k) \propto k^{-\gamma}$ 度分布的网络即为无标度（scale-free）网络。BA 无标度网络模型的算法描述如下（Barabási 和 Albert，1999）：

1）初始状态：开始给定 n_0 个节点；

2）网络增长：在每个时间步重复增加一个新节点和

$m(m \leqslant n_0)$ 条新连线;

3）择优联接：新节点按照择优概率

$$\prod(k_i) = k_i \Big/ \sum_j k_j \qquad (2.7)$$

选择旧节点 i 与之连线，其中 k_i 是旧节点 i 的度数，BA 无标度网络的平均路径长度

$$L_{BA} \propto \frac{\log N}{\log\log N} \qquad (2.8)$$

这表明该网络具有小世界特性。BA 网络的度分布函数为

$$P(k) = \frac{2m(m+1)}{k(k+1)(k+2)} \propto 2m^2 k^{-3} \qquad (2.9)$$

这表明 BA 网络的度分布函数可由幂指数为 3 的幂率函数近似描述。

2.2.2　网络动力学理论

网络动力学（Network Dynamics）的研究主要是在对网络结构进行研究的基础上，进一步探索和解释基于这些网络之上的系统动作方式和动态性质，进而预测和控制网络系统的行为。

网络动力学主要研究节点之间的交换和相互作用，它取决于具体的应用领域。在生物网络中，节点是反应的参与物及生成物，连线则是化学反应，动力学过程可由逻辑模型、变化率方程或各次反应的随机模型来描述。在社会网络中，节点是人，连线是人之间的相互关系，动力学过程用状态模型描述。一个人的状态根据与此人相互作用的其他人的状态，以及先前发生的内部过程来决定，通常采用统计学方法处理。

在研究网络的动力学过程一般要用到统计物理学的方法，比较常用的有平均场理论、主方程、生产函数和率方程①。博弈论是复杂系统研究的另一个主要定量科学工具，把博弈论与复杂网络结合，即演化网络博弈，已成为复杂系统普遍的动力学工具。

1. 平均场理论

"平均场理论" 比较早地被用来作为解释连续相变序参量度律的统计物理学工具。其中影响最大的是苏联科学家朗道在 1937 年建立的连续相变理论。连续相变平均场方法的步骤是：

（1）引入一个标志"相对无序"向"相对有序"变化的（从零值向非零值变化的）序参量。

（2）把复杂的微观基本单元之间的相互作用和外界作用简化为一个"平均后的场"。

（3）讨论这个平均后的场对热力学相变驱动参量的光滑性、对称性、可展开性。

（4）把这个平均后的场对热力学相变驱动参量展开，取近似，由此讨论相变的序参量对热力学相变驱动参量的关系式，特别是标度因子。

2. 演化网络博弈②

假设在每个时间步，根据约定的规则选取一部分局中

① 关于这些方法的介绍可参阅：何大韧、刘宗华等编著：《复杂系统与复杂网络》，高等教育出版社，2009 年版，第 43～57 页。

② 参见：何大韧、刘宗华等编著：《复杂系统与复杂网络》，高等教育出版社，2009 年版，第 74 页。

人，他们以设定的概率匹配进行博弈，并且按照预定法则更新采取的策略。这种法则是"策略的策略"，所有局中人的策略更新法则都是一样的，但法则的更新频率远远低于博弈的频率，这就使得局中人有充分的时间和机会根据上次的更新策略的情况选择是否进行下一次的调整更新。局中人可以根据外部的环境条件变化和自己获取的信息、自己的经验，在策略更新法则下更新策略，当然局中人所处的网络拓扑结构很有可能影响策略更新法则。

3. 复杂网络演化模型

从复杂网络的角度考虑，复杂网络系统的演化主要包含五种情形：增加节点、增加连边、断键重联、删除连边、删减节点。增加节点即 t 时刻在图 $G(t-1)$ 上加上新的节点，并且加上若干从此节点出发的连边；增加连边就是 t 时刻在图 $G(t-1)$ 原有节点之间新增加若干联接链路；删除连边与删减节点则是以上过程的反向行为；而先删除连边后增加连边合起来就是断键重联，但是只有当增加连边和删除连边发生在同一节点上的时候才刚好是断键重联（吴金闪等，2004）。目前，绝大多数网络演化模型都在以上五种情形的范围内讨论。

2.2.3 自组织理论

"耗散结构"理论（伊利亚·普里高津，1969）、"协同学"理论（赫尔曼·哈肯，1969）、"突变论"数学理论（勒内·托姆，1972）、"超循环"理论（曼弗雷德·艾根，1979）、"混沌"理论（爱德华·诺顿·罗伦兹，1963）、

"分形"理论（曼德布罗特，1982）等从各个不同的或相似的角度对于系统的形成和演化进行充分的论述，这些理论重点分析了系统的发生和发展过程，揭示了系统从简单到复杂、从无序到有序、从低级到高级，并最终形成一个由大量子系统构成的宏观系统的自组织演化的一般条件、机制和规律性。由这些研究系统如何自行组织的理论群、学科群组成的理论体系我们称之为自组织理论，它深化了人们对系统（包括自然系统、社会系统、经济系统等）的认识程度，标志着人类认识世界的科学思维和方法的重大突破的第二次飞跃。

在自组织理论体系中，各理论都有其自己的侧重点。其中耗散结构揭示了系统自组织演化所必需的客观环境条件；协同学从系统要素的竞争和协同效应的角度对自组织

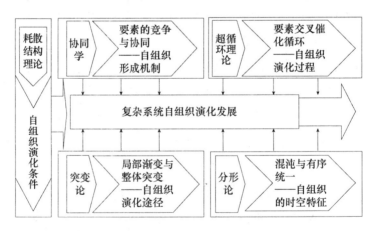

图2-7　自组织理论体系分析

资料来源：彭本红：《模块化生产网络的形成机理及治理机制研究》，北京：经济科学出版社，2011年6月版，第46页。

的内在机制进行分析与解释；超循环理论论述了系统自组织演化的具体形式和交叉作用于更大的循环链的发展变化过程；突变论侧重分析系统自组织演化的局部渐变到整体突变的实现途径；混沌学以及分形理论阐述了系统自组织演化过程中的时间复杂性及空间复杂结构与特性（见图2-8）。

1. 耗散结构理论。

"一个远离平衡的开放体系，通过与外界交换物质和能量，在外界条件变化达到一定阀值时，能从原来的无序状态变为时间、空间或功能的有序状态，这种非平衡条件下的、稳定的、有序的结构称为耗散结构"（普利高津，1969）。

耗散理论强调一个系统要处在耗散结构，即动态有序，必须具有以下四个相互紧密联系的条件，即"开放系统"；"非线性相互作用"；"非平衡态"以及"涨落现象"。耗散结构系统可以归纳为：在远离平衡时形成的，靠持续地输入和输出外界的信息、物质和能量来维持其内部非线性相互作用的有序系统。

2. 协同学理论。

协同学以复杂系统宏观特征的质变问题为研究重点。根据协同学研究，在某种特定条件下，构成复杂系统的大量子系统之间的相互作用能够形成具有一定功能的自组织结构，从宏观上看，自组织产生了时间结构或空间结构，或时间—空间结构，即达到一种新的有序状态。

3. 突变论。

1972年，法国数学家托姆提出的突变论，揭示了在非线性系统中，外界条件的细微变化会导致系统宏观状态出现剧烈突变的现象，即外界条件的连续变化可以导致系统状态不连续的突变。

突变论是基于拓扑学的方法对分支理论进行发展研究的一种数学理论，它提供了一种研究所有跃迁、不连续性和突然质变的更普通的数学方法，并建立了不连续变化的数学模型。

4. 混沌理论。

混沌是由确定性的非线性动力学系统产生的随机现象，是一个难以精确定义的数学概念，但可以把它看作是确定的随机性："随机性"指的是不规则的，不能预测的行为，而"确定的"是因为它是由内在的原因而不是外来的干扰所产生。费根伯姆总结了非线性系统普遍的演化规律：复杂系统的演化不是外来的和偶然的行为，而是有目的和有结构的某种内在行为，并且具有不可预测性。

5. 分形理论。

分形理论是美国哈佛大学数学系教授曼德布罗特（Mandelbrot，1982）在研究英国海岸线长度问题的基础上提出来的，它是对自然界中存在的大量不规则形态特征进行研究的几何学。分形理论具有与以往传统数学和其他学科截然不同的方法，它跨越一切尺度的"穿透力"，对以往被几何学排斥在外的大量不规则几何对象进行描绘，得出复杂性的分形图样，从而揭示出深藏在惊人复杂形状中从大尺度到小尺度的几何规律。

对于一个系统而言，有混沌就有分形，只是混沌强调系统的动力学过程，而分形强调系统的几何结构。曼德布罗特（Mandelbrot，1982）定义的分形是指"A fractal is a shape made of part similar to the whole in some way"（分形是局部和整体以某种方式相似的集合）。分形一般具有以下几个方面的特点（Mandelbrot，1982）：

第一，分形可由递归的方式生成，在某种意义下的分形维数通常都大于它的拓扑维数，它在任意小的尺度之下都有复杂的细节，表现出精细的结构特征。

第二，分形的整体和局部都很难用传统的几何语言来描述，系统的分形自始至终都是不规则的，然而其不规则程度在不同的尺度上却是一个常量。

第三，分形通常具有某种近似的或统计意义上的自相似性。

2.3　社会网络理论

社会网络是联接着一组个体的一组社会关系（刘军，2004），个体在其社会关系相互联接的过程中，从整体上会表现出具有某种结构特征的社会网络结构，对于社会网络的结构特征可以通过关系数据的收集和分析，建立模型进行描述。社会网络理论是基于对社会网络结构和功能分析的基础上形成和发展的一系列基础理论和应用理论。应用数学分析方法的社会网络分析法是社会网络理论的研究工具，而怀特（White）、Burt、Granovetter等学者提出的"社会资源和社会资本""结构洞""强关系弱关系""嵌入性观点"等理论概念是社会网络分析的应用理论，它们很好地解释了社会领域内的大量问题。

2.3.1 社会资本理论

社会资本与网络是密切联系在一起的。社会网络一旦被行动者加以工具性地利用，并给行动者带来盈余，那么社会网络就已经资本化了（杨瑞龙、杨其静，2005）。

布迪厄（Bourdieu）认为相互默认或承诺的关系具有制度化的形式，从而保证了网络的持久性，这样的稳定网络可以带来事实上的或潜在的资源的集合体，即为社会资本（Bourdieu，1985）。他认为社会资本包含了社会关系和通过社会关系所获取的资源的数量与质量。其中社会关系是凭借投资群体关系这种制度化的策略来构建的，其存在意味着网络中的个人可以有机会和途径获取相关人的资源，而所获得的资源的数量和质量状况决定了社会资本的高低。

科尔曼（Coleman，1990）认为个人凭借社会资本可以实现自身利益，从而从社会资本的功能对其进行定义和界定。普特南（Puinam，l993）认为存在于个体间的社会资本可以提升对彼此的信任，促使合作的行为的产生，并提高社会效率。

Janine Nahapiet 和 Summantra Ghoshal（1998）在其合作撰写的"社会资本、智力资本和组织优势"文章中对社会资本进行了界定，指出社会资本是融合在由个体或组织所拥有的关系网络中的现实和潜在资源的总和。

林南（Lin，2001）提出了社会资本资源论，认为社会资本是作为一种有价值的资源而投资的，可以产生预期的市场回报。

Burt（1992）指出社会资本提供一种使用资本的机会，这种机会可能来自于你的亲戚、朋友、同事等更多的关系人。Portes（1998）则认为，社会资本是一种能够使社会行动者在社会网络或者其他社会结构中获取利益的能力。他们都是从自身研究角度对社会资本进行的界定。

企业之间的社会资本有利于企业获取潜在的或者现实的外部资源（NahaPic & Ghoshal，1998）。社会资本高的企业，其与外部交流互动的频率、速度、效率等方面均优于社会资本低的企业，因此，可能会减少交易成本，增强企业间的凝聚力，提供自身的影响力，交易成功的可能性更大，也更容易获得经济与社会效益。

2.3.2 结构洞理论

罗纳德·博特（Ronald Burt）提出了"结构洞"的概念，并利用这个概念深入分析网络的情况。他认为，如果存在于一种社会关系网络中的某些个体直接与一些个体存在联系，但并不与其他个体存在直接联系，那么从社会关系网络看就存在结构洞。以 ABC 社会关系网络为例，若 AB 之间和 BC 之间都存在关系，但 AC 不存在任何关系，我们则认为 AC 是一个结构洞。AC 如果要发生关系，必须通过 B。

通过保持和控制信息利益，结构洞能够使网络的收益得到增加，越多的网络结构洞，网络的收益也就越大。保持信息利益是指，行动者的结构洞越多，所获得的信息量越大，信息内容越具体，时间也越及时，从而可以利用获得的信息优势创造更多的获利机会。控制信息利益是指，由于结构洞的存在，处于两个行动者之间的第三者，利用其控制的信息从两个行动者之间获得利益。

Burt 根据结构洞理论重新解释了市场中的企业竞争行为。他认为，企业要意识到关系优势对于企业市场竞争的重要性，而不应只聚焦于企业的资源优势，关系优势可以转化为资源优势，从而强化企业的竞争优势。结构洞的存在为企业积累关系优势提供了途径，占有更多结构洞的企业可以获取更多的关系优势，从而更有机会通过保持和控制信息利益获得较大利益回报。因此，组织或者个人利用与一些本来没有联系或关系的个体和团体建立深入的联系，从而获得、控制信息，可以在竞争中占有一席之地。

结构洞能够增加网络的效率，为成员提供信息、新的思想和价值观等。网络之间的联系，即网络成员的间接联系有助于促进新的思想和行为的传播，因为属于不同的网络的人们有不同的思想、观点和信息资源等；而网络内人们的行为和观点具有同质性，即直接的联系很难为成员提供新的思想、观点和资源。

2.3.3 嵌入理论

"嵌入"概念是波拉尼（K. Polanyi，1944）最早提出的，他认为"人类社会的经济不是孤立的，而是嵌入于包括各种经济与非经济的制度之中"。格兰诺维特（1985）发展了"嵌入"概念，他指出，经济行为嵌入在社会结构当中，而且存在于人们生活中的社会网络是社会结构的重点，因此，经济行为往往会受到社会网络的影响。信任是嵌入的网络机制。嵌入（embeddedness）包含关系嵌入和结构嵌入。

嵌入理论实际上是结合了社会资本理论和结构洞理论，其中的关系嵌入（relational embeddedness）可以从社会资本的角度来说明，正是由于行动者（企业或个体）在社会网络中积累了足够的社会资本，才使关系嵌入成为可能，它通过行动者之间的社会关系纽带为行动者直接获取信息收益提供途径。格兰诺维特（1985）以"感情强度""互动的频率""亲密程度""互惠交换"四个维度为角度，将关系类型划分为两类：即弱关系和强关系（格兰诺维特，1985）。强关系维系行动者之间的稳定关系，促使他们建立和发展相互的信任，便于有效的高质量信息和隐含的经验知识的交换和学习。弱关系为行动者获得关键信息或建立强关系提供可能的渠道。关系性嵌入的联接性质以及信任保证促使许多经济交换成为可能。

结构嵌入（structural embeddedness）是结构洞理论在社会经济行为中的应用，社会网络不是一个完整的网络，行动者之间要发生联系往往需要第三者的介入，这说明了行动者之间不仅存在直接的二元关系，还存在通过第三方、第四方等建立一种多元的关系。结构嵌入包含了网络中的行动者之间如何相互影响以及相互影响如何变化的含义（格兰诺维特，1985、1992）。结构嵌入指出网络中的行动者的网络地位是有差异的，这决定了他们对稀缺资源的占有和分配格局；行动者之间如何相互影响及变化决定了网络资源流动的方式和范围。结构嵌入为网络成员之间提供了有利于彼此沟通、联系、更加有效的信息传播方式，通过彼此间的交流与联系，将第三方的信息在网络中加以传递、扩散、分享。

结构嵌入主要关注社会控制，类似于威廉姆森的"非正式群体影响"。结构嵌入说明了社会机制（比如网络声誉、集体制裁等）是如何协调和维护网络交易的。

2.4 企业网络的研究进展

2.4.1 相关学科对企业网络的研究

新古典经济学把企业简化为一个点，把各种不同的企业看作是同质的、无差别的，而且把企业之间的关系简化为唯一的市场交易关系，认为价格是企业间唯一的协调机制。显然，企业间的非交易的网络关系没有进入新古典经济学的分析视野。

新制度经济学打开企业"黑箱"，并开始关注企业之间的多样化关系。威廉姆森认为，一端是非连续的交易，另一端是科层式、集中度较高的交易，处于两者中央的是混合交易（共同投资、特许经营、其他形式的非标准合约）；混合组织形态是一种存在于市场和科层制间的稳定状态，并不是某种具体的组织类型，而是多种组织关系的集合体（Williamson，1985）。从交易成本经济学的视角来看，企业网络是一种介于市场和科层组织的治理结构，这种结构因带有特定的交易性投资，使得其在处理重复性交易时可以节约成本。

战略管理学理论认为，企业网络是两个或两个以上的企业为获取竞争优势和合作利益而进行短期或长期战略合作的一种组织形式，他们把企业网络构建作为企业为了实现特定战略目标的一个战略策略。

经济社会学认为，企业是通过个人的网络关系连在一起的，交易关系与网络关系是不可分的，分析交易关系不能脱离社会背景（Granovetter，1985），不同企业的组织成员间存在人际关系，而良好的人际关系往往会对企业间的经济交往产生积极作用。由于长期的经济往来使企业间彼此信赖，买方并不会在市场中到处寻找价格最低、质量最好的产品，而是购买它所熟悉信赖的企业的产品。经济社会学家认为，企业经济行为嵌入到不断演变的、能形塑个体行为的社会关系结构中，从而逐步形成了企业网络这种经济行为的组织模式（Granovetter，1985，1992）。

格兰诺维特（Granovetter，1985）指出了新古典经济学的完全经济理性假设的不足，他强调要把社会关系因素融入经济行为的分析，并概括出了社会网络理论的基本观点，主要包括以下五个方面：（1）由于经济行为的社会嵌入性，社会网络中的行为者之间的关系会影响其经济决策；（2）人际关系具有价值性，理性的经济人可以计算其所建立或融入的关系网络的收益和成本；（3）不同的社会关系和网络结构对于信息的传递具有差异性，因此，每个人获得的信息是不完全的；（4）个人的效应是相互传递的，而且随着关系人的行为变化而有所改变；（5）网络资源、信息的获取因个人在网络中位置的不同而有所差别，个人的网络位置制约其经济行动（吴结兵，2006）。这些社会网络理论观点可以用来解释企业网络的形成与运行。

制度学派认为，企业网络不是凭空产生的，它是历史与制度在相互联系、相互作用的演化过程中的产物，是由各类行为者在彼此信任、认可、互利互惠及优先权行使等的基础上形成的长期关系系统，网络关系不仅确定了成员的具体义务、行动准则等，而且也引导着行为者的具体行为（Powell 1990；Sako 1992）。

博弈论认为，随着企业网络联接的强化，企业网络成为产业博弈的主体，并把网络博弈和合作与非合作混合博弈引入到产业组织的分析中，网络的稳定性和竞争力决定着产业博弈均衡的选择。通过建立博弈模型分析企业网络的文献比较多，比如 Jackson & Wolinsky（1996）、Myerson（1977）、Bala & Goyal（2000）等的研究。

Adam Brandenburger 和 Barry Nalebuff（1996）强调通过适当的改变博弈构成的某些方面，如参与者和规则等，企业可以获得更大、更持久的竞争优势，并提出"竞合"（Co-opetition）概念，由于企业的竞合可以发挥更大的竞争优势，使得合作成为企业的诉求，由此形成一个更加稳定和高效的合作组织。这就是所谓的企业网络组织。Myerson（1977）认为，网络结构可以在合作博弈的前提下被模型化，并阐述了如何实现网络公平分配的评价准则。此外，他对基于网络关系的战略联盟进行分析，指出用网络结构联接个体联盟，是有效发挥其整体功能的必要途径。Bala 和 Goyal（2000）模型化了基于纳什均衡的网络形成过程，并描述了网络动态形成过程。陈学光和虚金发（2006）建立了一个基于演化博弈理论的网络组织生成模型，描述了网络成员动态的关系变化和相互作用的机制。

随着复杂网络理论的发展和研究推广，一些学者也开始利用复杂网络理论对企业网络行为进行解释。比如，唐方成、马骏等（2005）分析发现了复杂网络和组织网络之间存在相同的行为模式；李守伟和钱省三（2006）从复杂网络的角度提出了产业网络的三个层次的复杂性水平；范如国、许烨、李星（2008，2009）应用复杂网络理论对企业集群的研究；李永、方锦清、刘强（2009）基于网络科学的观点和方法对企业合作网络的考察。这些研究大都只是简单的分析两个理论间的一些关联，或试图用个别的网络概念和理论来分析企业网络行为，从整体上建立基于网络科学的研究框架来分析企业网络的文献还没有。

2.4.2 企业网络的概念体系

企业网络概念形成于 20 世纪 70 年代。第一个提出联结力量内涵的是 Granovetter（1973），他以社会学为出发点对正式、非正式的社会交易网络进行了论述，以网络内部间的联系作为其研究的关键。随后，很多学者开始关注企业个体之间的"群体行为",展开了对企业网络理论的研究。企业网络理论在西方兴起时间不长,新经济社会学结合社会学理论、管理学应用战略分析方法、新制度经济学从交易成本出发,对企业网络的概念提出了看法,构成了不同学科门派具有不同论述的企业网络概念体系。

关于企业网络的概念特征,国内外的很多学者纷纷提出了自己的见解。Thorelli(1986)认为存在于层级制和市场交易之间的组织形式称为企业间的网络结构。Achrol(1999)定义的网络组织是指多个独立的企业、部门以及个人为完成共同追求的目标,各方共同协商定义成员身份及各自职责而组成的一个联合体。它是通过多方紧密、密集的相互协调和配合,基于互利的交互式合作以完成共同的任务而维持运转的,从而有别于过去传统的层次控制的企业运转模式。安娜·格兰多里(2000)综合多位学者的研究,指出"企业网络被定义为一组拥有不同偏好和资源,通过一系列机制协调的企业组织形式,其协调机制除了价格、退出机制外,还包括规则和惯例、经纪和中介组织、企业间权威、联合决策及其激励和谈判计划(从价格到担保和抵押)等诸多方面"。

国内学者有关企业网络的研究文献也不少,他们从自己研究问题的角度和目标提出了许多关于企业网络的概念和观点。比如刘东(2003)认为,"企业网络是一种追求合作利益的自组织过程,作为其子系统的各个企业具有自主协调性"。其中,网络指的是和企业活动相关的所有相互关系,因市场和企业互相作用、替代而产生的契约关系、制度安排（刘东，2003）。

对于企业网络概念的认识，大多数学者都从"企业"的角度来理解，这决定了他们会以经济学的视角来分析研究企业网络。而从"网络"的视角来分析企业网络往往被忽视，因为这需要有网络科学的视界，这恰恰是传统的经济学者所欠缺的。把"企业"的视角和"网络"的视角结合起来分析企业网络可能是更全面更科学的研究思路，本书准备基于网络科学范式来分析企业网络正是这种科学性研究的尝试。

2.4.3　企业网络作为一种新的产业组织形态

从对企业网络的研究发展来看，学者们越来越清晰地认识到，企业网络是作为一种产业组织形态而存在的，它不只是一种协调机制，也不是一种短暂的现象，而是具有独特的存在逻辑、组织特征以及运行机制。

杨瑞龙和冯健（2004）指出，企业间网络（企业网络）已经逐渐成为现实生活中一种重要的组织形式，它是由两个或两个以上独立企业依据正式契约及隐含契约所形成的相互联系、相互依赖、共同承担风险的长期合作的组织模式。企业间网络可以节约交易成本，而且可以提高企业创新能力，使企业可以保持可持续的竞争优势。

鲍威尔（1990）认为工艺性强的产业、产业区、战略联盟和伙伴关系是网络组织的表现形式。他所指的这些组织形式也就是后来被确认为企业网络的具体形式，从这个意义上说，企业网络是作为一种网络组织被研究的。鲍威尔（1990）在《网络组织形式：既不是市场也不是层级制》一文中认为网络组织具有独特的存在逻辑和特征，代表一种完全崭新的组织形式。实际上他的论述已经明确了企业网络是一种新型的产业组织形态。

李维安（2003）指出，从网络组织来研究企业的经济活动，更加接近现实并具有更为广阔的研究空间，网络组织对企业间相互联结的网络安排模式及其运作机制进行研究，其分析的关键是对企业内部或企业外部的各类交互作用的网络关系的研究，这种关系包括已经存在的和可能产生的相互联系。

企业网络作为一种组织形态也是不断发展演变和丰富充实的，其表现形式越来越多样化，从战略联盟、外包网络、特许经营网络、企业集团、虚拟企业、企业集群等传统形式到新近出现的模块化生产网络，以及电子商务催生的电商网络，为我们进行企业网络的研究提供了丰富的素材和经典的案例。实践的丰富发展使得理论的跟进研究显得尤为必要，总结企业网络的发展规律是理论研究的核心任务，为企业网络的实践发展提出理论理念指导是学者研究的神圣使命，而这些都基于对理论方向的正确认识。

从相关研究和企业实践来看，我们认为把企业网络作为一种新型的产业组织形态来研究是正确的而且必需的，这为我们正确认识市场竞争的形态和经济发展的趋势指明了方向。比如姚智谋和朱乾龙（2011）从"模块化机制"出发研究企业网络分工，并认为企业网络是我国产业组织结构转型升级的目标模式。

2.5 相关研究总体评论

经济理论的发展是个不断演进的过程。新古典经济学认为市场是定价机制，企业是原子式的，可以假设为同质性地、被动接受市场机制调节的"黑匣子"，由此建立的新古典经济理论框架是无须讨论企业的性质的，他们关心的是市场是如何竞争的，竞争导致的市场结构具有什么样的特征。而新制度经济理论观察到企业存在异质性，不同的企业其配置资源的能力是不一样的，企业是由不同要素通过契约关系建立起来的一个能力结合体，企业与市场由于交易成本的原因存在明显的界限，并且他们都可以作为一种组织制度在经济系统中发挥配置资源的作用。然而随着实践的推进和认识的深入，又有学者发现经济系统中还存在着不用的组织制度，这种组织是介于企业和市场之间的并具有独立特点的可以称之为中间性组织。中间性组织由多个企业通过正式的契约或非正式的社会关系组合而成，这样的组织兼具市场与企业的优势，既具有市场机制的灵活又可以发挥组织优势。对于这些不同的组织制度的研究都构成了产业组织理论。

我们在回顾产业组织理论时发现，不管是关于市场组织的观点还是关于企业组织的理论都含有网络的隐喻，而中间性组织就更是一个网络状态。企业是由各要素所有者组成的网络，企业网络是由多个企业构成的网络，而市场是由消费者和生产者展开的一张大网络。所不同的是网络中的节点属性与联接属性各不相同。因此，又有了关于网络组织的研究。企业网络就是作为一个网络组织进行研究的。这种网络组织作为一种新的产业组织形态已得到了越来越多学者的认可，并有了很大的研究进展。经济学领域的学者们对企业网络的性质和本质，以及网络在交易治理方面的含义进行了论述；战略管理领域的学者们认为企业网络是企业获取信息资源的一种战略选择，对于企业的能力增长有重要意义；经济社会学领域的学者关注网络中的信任、规范、声誉等社会性因素在企业经济活动中的重要作用。

不可否认，企业网络在经济学、管理学、社会学等多学科交叉研究取得了一定的成果，然而关于企业网络的网络属性的研究却很少涉及，更不用说从网络科学的视角去建立企业网络研究的理论框架。我们在前面关于复杂系统和复杂网络的理论观点的综述，是为了启发更多的学者意识到，企业网络的研究空间还很大，需要进一步完善和发展的企业网络理论以及理论研究工具还很多。比如企业网络的涌现问题、企业网络的复杂性研究、企业网络的联接机制、企业网络的演化等等。

相比企业组织和市场组织，中间性组织还是一个比较模糊的概念，很难对其边界进行清晰界定，因此对于它的研究就存在很多可能性。而企业网络的边界是可以界定的，其研究范围可以比较容易找到理论依据，而且网络的概念已深入人心，并且有比较成熟的理论工具可以借用。网络科学理论关于网络的研究已经有了比较丰富的成果，然而经济学者对于网络科学的关注却比较少，也就很难把网络科学和产业组织理论进行交叉学科研究。笔者认为这种突破是可以尝试的，本书正是要通过引进网络科学范式的企业网络研究进行理论创新突破。

事物现象是不断发展的，认识具有由浅到深的历程，理论的发展也是与时俱进不断完善丰富的过程。从前面的理论回顾可以看出，关于市场和企业的观点纷呈复杂，不同学者站在不同的角度都有自己的充分论述，并得出自以为比较完整的理论，而实际上是这些观点放在理论发展的历史脉络中，都只是盲人摸象的说法。关于中间性组织（企业网络）的阐述也同样存在这种问题，而这个历史才刚刚开始。因此，我们必须承认理论的时代性和适用性，甚至说是短期性和片面性，当然也正因为理论的这种特性才有了我们继续理论创新的必要性，哪怕这种创新是暂时的也是作为一个学者应该坚持的。也许本书准备从网络科学的视角对企业网络进行分析也具有片面性，笔者可能也在盲人摸象，但这样的创新尝试是值得的。

第 3 章　企业网络的网络属性及涌现

从网络科学的视角来研究企业网络，可以看出企业网络区别于传统的经济组织的重要特点是其具有网络属性，企业网络的网络属性既有一般意义上的网络特点，又有其作为一个特殊的组织系统的特色，这种特殊性从企业网络的涌现开始。

3.1　企业网络的网络属性

3.1.1　企业网络的复杂性

企业网络是一个复杂系统，具有复杂性特征，这是因为：

（1）企业网络是基于智能主体而形成的。企业网络中的智能体就是相互联接并推动网络演化的各类企业。企业网络由大量的具有高度智能和自适应能力的企业组成，每一个企业在网络中发挥其特有的业务功能。

（2）网络中的企业具有差异性。企业网络中的企业是彼此互异的，在重要的特征上存在差异性。网络中的企业可能在地理位置分布上极其分散，而且在商业文化、技术、管理、规模效益、发展潜力等方面都有很大的区别。

（3）企业的自我调整。网络中的企业接受网络各层次活动的结果，并依据该结果对自身的行为进行反馈调整，导致出现网络新的变化结果。

（4）企业网络是动态的。网络中企业的特征随着时间而变化，企业能够适应所处的环境，从经验中学习，或者经历演化过程的自然选择。成员企业之间进行合作、竞争，同时受来自变化的外部环境的影响，成员企业在网络中存在此消彼长的现象，一些企业在合作中发展壮大，一些企业在竞争中退出网络，同时存在新企业进入网络，使得企业网络常常处于一种非平衡的动态演化过程。

（5）企业网络的结构性。企业网络在动态演化过程中，会逐渐形成一些企业群体，表现出具有社团结构，不同的社团构成不同的层次，从整体上呈现出具有网络状的结构体，网络结构对企业网络的时间演化产生影响。

（6）企业网络存在着涌现。企业网络的产生是在企业的相互作用下涌现为企业网络的状态模式。企业网络能够产生与企业不同的、难以从个体系统推测出来的整体行为模式。企业网络中存在着大量的时空状态涌现。

具体来说，企业网络的复杂性主要表现在联接复杂性、结构复杂性、动态性、自相似性、自组织性、演化复杂性等几个方面。

1. 联接复杂性

企业网络联接的复杂性表现在企业间联接的多样性和

可变性。企业间可以通过市场交易、社会关系、产权关系、合作契约、模块化联接、空间聚集和互联网联接等多种途径建立联接，也可以是上述的几种路径组合而建立关系，这些联接方式又是可以转换的，联接的方向有单向联接和双向联接，联接的程度有强有弱。从整个企业网络来看，联接表现出异常复杂的性状。

2. 结构复杂性

企业网络是一个复杂网络，具有复杂网络的高聚集程度、较短的平均路径、较宽的度分布及存在小世界性、无标度性和社区结构等特点。

（1）小世界性

企业之间的联接是企业基于理性的选择，是确定性的，同时又因为外部环境的影响和历史的路径依赖，企业的选择联接同时存在不确定性，有随机性的因素，因此，企业网络的形成是介于随机性与确定性之间，结果是企业网络呈现出介于随机网络和规则网络之间的小世界网络特性。

企业网络具有小世界网络的特征，即高聚集程度和最短路径（Watts et al. 1998，Milgram）。小世界网络特征意味着在复杂的企业网络中，企业之间存在着较短的连通路径。在企业相互联接的网络结构中，数量极少但度值极高的企业节点在协调其他大量的节点的相互关系中处于中心角色的地位。企业网络通常呈现出非常复杂的拓扑结构，其中存在着几个与其他企业频繁联接的核心节点，核心附近的节点相互联系非常密集，而其他大部分节点之间仅有极少的相互联系。

（2）无标度性

企业网络的小世界特性决定了企业网络具有无标度网络的结构和特性。无标度网络的节点是不断增加的，其网络具有成长的特性。无标度性即不具有特征尺度（Barabási et al. 1999，Watts et al. 1998）。企业网络是由企业之间相互联接而构成的网络，企业的联接遵循择优联接的规则，网络效应的存在使得联接度越高的企业节点越容易获得联接，企业网络得到不断成长，最终从很少的几个节点成长为拥有大量节点的复杂网络。在马太效应作用下，企业网络会呈现出少数企业节点拥有大量的联接，而大量的节点仅仅拥有少量的联接特点，并且保持不变，表现为企业网络中的节点服从幂律定律分布，即对于所观察的量没有一个特征尺度，从而说明企业网络具有无标度性。

企业网络的无标度特征对企业网络演化的效率有着深刻的影响，这种影响主要体现在具有高聚集度的企业节点的作用上。高聚集度企业节点作为网络的枢纽，在演化过程中发挥着支配性的作用，是其他企业择优联接、依赖和学习的主要对象，因此，高聚集度企业节点的状态、结构及运作效率对整个企业网络演化效率具有重要的影响。

（3）社团结构

大量的研究表明，许多网络是"差异性"（diversity）的（Flood，1996），即复杂网络不是一大批性质完全相同的节点随机地联接在一起的，而是许多类型的节点的组合。相同类型的节点之间存在较多的联接，而不同类型的节点之间的联接则相对较少。我们把网络中同一类型的节点紧

密联接而形成的具有较高聚集度的子图称为网络中的社团
（community）。很多学者通过对复杂网络的结构研究表明，
它们大多具有社团结构（community structure）（Holme，
2003；Shen-Orr，2002；Milo，2002）或模块性（modulari-
ty）（Metcalfe，2004），即网络是由若干个"组"（groups）
或"团"（clubs）构成的（Demange et al.，2005；Levi，
2001）。

企业网络是由大量企业节点所构成的复杂经济系统，
在企业联接演化过程中，具有一致性利益诉求的企业更倾
向于联接起来，表现出社团结构特征，网络中存在一些聚
集程度高的企业节点，这些企业节点之间集团化程度大，
大量企业节点通过相互之间的联接密切联系在一起，形成
类似"社团"的网络结构（如图3-1）。

揭示出网络中具有社团结构特征，可以帮助我们更好
地了解网络结构与分析网络特性，挖掘网络中的"社团"
对于深入理解和有效开发网络具有重要的意义（Newman，
2004）。因此，研究企业网络中的社团结构对于我们准确把
握企业网络的运行具有重要的指导意义。

3. 动态性

企业网络作为一个复杂系统，从时空结构上有一个生
存、发展、优化的动态过程。

企业网络是开放的系统，为了适应环境的变化必须不
断进行调整，而其中每一个节点企业都处于系统演化的压
力中，节点企业会集中全力发展各自的核心能力，并且由
于节点之间的互补关系使得关联企业也会跟着成长，因此，

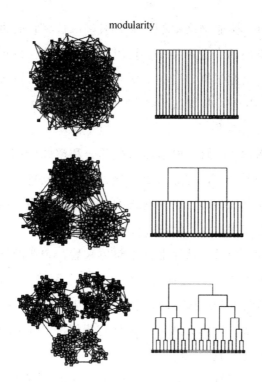

图 3 - 1　企业网络的社团结构

注：左边是网络图，右边为相应的柱状图

进化在整个企业网络中扩散，提高了系统整体能力，从而使企业网络具有动态的稳定机制。

企业网络中的各成员企业具有相对独立性，它们之间的关系是既合作又竞争，网络中的企业既要在网络内部展开竞争，又要面对外部企业进入的竞争，竞争的结果表现为企业网络随时都可能存在企业的进入和退出，网络中企业的联接关系随着时间而不断变化，使得企业网络无论在规模上还是在结构上都处于一个动态变化的状态。

此外，企业网络中的企业具有多属性，它们可以同时参加到不同的企业网络中，可以是长期参加，也可以是短期参加，企业根据自身的资源和利益，随时可以选择不同的网络，这进一步增加了企业网络的动态性。

4. 自相似性

分形理论的研究揭示出系统部分和整体的相似性，复杂系统的各个层次无论什么尺度，都具有功能、结构、复杂度上的自相似性。企业网络的自相似性体现在网络系统的结构，变化过程和状态三方面。

结构相似性。从企业网络整体来看，企业网络系统有不同的层级结构，具有层次性，受整个网络文化的影响，整体结构与部分结构之间，上一级结构和下一级结构之间，在组织形式、管理方式等方面具有相似性，从而不同层次节点间具有类似的结构。

过程相似性。在企业网络形成演化的过程中，通过网络的相互学习、模仿、试错等环节，成员企业由普通成员向重要成员，再向核心成员的转化，表现为变化过程的自相似性。

状态相似性。企业在市场中的状态是时刻面临着竞争，因此企业始终处于一种提高竞争力的状态，表现为企业的不断研发创新、持续生产营销、应变市场变化和寻求合作等行为上，而作为一个整体的企业网络同样要应对市场竞争，并采取与单个企业具有相适性的市场行为，企业网络中每个层次都处于一种市场竞争状态，使得企业网络具有状态自相似性特征。

5. 自组织性

企业网络是由企业之间择优联接，在相互之间非线性作用驱动下，系统从无序的初始状态发展到有序结构的涌现结果。企业网络的涌现是个自组织的过程，而且企业网络的演化也表现为自组织性，体现在企业网络的自创生、自生长、自适应和自复制四个方面（曹虹剑，2008）。

第一，企业网络的自创生。在经济系统中，本来企业都是独立存在的，表现出无序的状态，由于企业的合作获利取向，企业之间建立了联接，形成企业群体行为，发挥整合功能，并产生有序的网络结构。网络的形成不是事先设计的，而是自创生的。自创生是企业网络从无到有，从无序到有序的演化过程。在企业网络中，企业联接规则一旦确定，网络便进入一种从无序走向有序的自组织形态。

第二，企业网络的自生长。自生长是网络不断完善扩大的演化过程。在企业网络中，由于择优联接规则与兼容性的存在，每个企业都有被替代的可能性，这样一来就形成一种竞争压力。随着企业联接的增加，企业网络中的各个企业之间存在着一个优胜劣汰，不断演进与优化的过程。

第三，企业网络的自适应。企业具有随环境变化和合作伙伴的行为改变而反馈调整的功能，体现出一定的适应能力。这种个体的适应能力会表现为网络整体的适应性，保证网络与环境之间的相互适应，以及网络对内部企业的适应性。

第四，企业网络的自复制。企业之间在联接过程中会相互学习效仿，选择复制那些有利于自己发展的别人正在采用的有效的方法和经验，这种复制行为将会在网络中传播与扩散，表现出企业网络的自复制性。自复制性可以用网络科学的网络同步现象来解释。同样的，在网络的不同层次上都会有复制性行为，包括企业网络的构建都存在自我复制性，由此产生网络的自我繁殖，推进企业网络的增长式演化。

6. 演化复杂性

企业网络演化的复杂性主要表现为其存在着混沌、突变、涌现、分形及不确定性等特征。

企业网络的动态演化表明，系统中的各种要素不会真正静止在某一个状态中，但也不会由于其动态性而导致系统的解体，企业网络处在混沌的边缘状态，它有足够的稳定性来保持自身的存在，又有足够的创造性发生企业网络的演化和创新。企业网络演化积累到一定程度的时候，就会发生突变，产生新的企业网络涌现，这种演化的突然性发生在许多不同的时间尺度之内，并表现出统计意义上的自相似性，即具有演化的分形特征。企业网络演化过程中任何小的冲击都可能通过正反馈加以放大产生重大影响，并产生无法事先确定的结果，从而使得企业网络演化的最终状态具有了不确定性（范如国，2011）。

企业网络中成员企业众多，各节点企业之间具有竞争与合作的利益关系，每个企业基于自身的择优决策行为都会对其邻近企业利益产生影响，或者带动其邻近企业迅速发展，或者影响其邻近企业造成冲突产生。节点企业局部利益的相互关联和相互冲突是网络演化复杂性的主要根源。

3.1.2　企业网络的层次性

层次性是系统的一个基本特征，表现为系统的构成具有嵌套型的特点。一个系统由子系统构成，子系统由孙系统构成，如此推演……每个系统既可以作为一个独立的单元发挥主体功能，同时又是作为一个组成的单元（部件）发挥补充作用。这从结构上看即表现为系统的层次性特征。

企业网络是一个多层次的且各层次都高度对外开放的系统，在一个层次上的企业网络是更高层次企业网络结合体的组成部分（见图3－2），不同层次间与同一层次间的企业节点都可以相互交换物质、信息与能量。企业网络存在于与其共同演化的其他企业网络之中，是其他企业网络的一个单元或环境一部分。企业网络的层次性表明了企业可

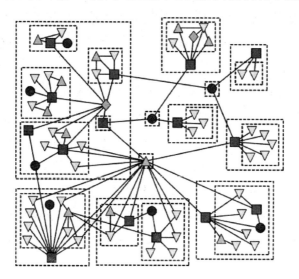

图3－2　企业网络的层次结构

以在不同层次子系统间发挥作用，促使不同层次的子系统形成功能互补和相互作用的关系，不同层次系统的功能发挥，达到了企业网络的整体功能实现的目的。

3.1.3 企业网络的嵌入性

根据嵌入理论，企业网络的运行不是独立的，而是嵌入于特定的社会结构之中，企业网络所置身其中的文化与制度背景对企业网络的涌现和演化有着重要的影响。企业网络的嵌入包括关系性嵌入和结构性嵌入，而这两类嵌入同时又是嵌入于更为宏大的制度背景和文化背景。在企业网络的各种关系中，除了包括企业与其他组织的研发协作协议、技术联盟、业务外包合同等正式商业关系外，还涵盖由同事、朋友、亲戚等社会关系构成的非正式关系。这些非正式关系是在一定的历史文化背景下产生的，具有延续性和发展性，它伴随着企业之间正式关系的建立和发展，并发生相互影响的作用。

关系嵌入是企业与关系密切的企业或先前合作伙伴之间的合作关系，结构嵌入是企业与新合作伙伴通过第三方共同伙伴建立的关系，从而形成群体间的系统性关联结构。关系嵌入和结构嵌入行为意味着多种关系的交叉、重叠，有助于企业间联接的稳定性，使得企业网络得以不断生长，并强化了网络对企业的锁定效应，使得企业对置身其中的网络的依赖性越来越大，表现为企业网络演化成长的路径依赖。

就现实而言，社会网络是先于企业网络存在的，而且，要比企业网络更加广泛地分布于人与人之间、人与组织之间及组织与组织之间。嵌入社会网络中的企业网络，一方面能较容易地沿着社会网络延伸、扩展，另一方面也受到社会网络的约束，从而增强了稳定性（徐志坚，2011）。

3.1.4 网络经济系统的特有属性

企业网络作为一个网络结构的经济系统，具有网络经济系统特有的属性，即互补性、兼容性和标准化，外部性，转换成本高和锁定性强等三个方面。

1. 网络系统的互补性、兼容性和标准化

消费者购买由硬件和软件共同构成的系统（产品），而构成系统总成的各个子系统或部件、组件是由生产系统中各个节点企业相互协同完成的，这就是企业网络的互补性。网络系统的互补性要求系统中各企业必须根据彼此之间协同的状态制定各自经营战略，而保持与其他子系统的兼容性又是极其重要的内容。从网络系统的角度看，兼容性是指系统中的某一特定子系统为了与系统的其他部分良好配合所必须具有的接口性能，从而保证子系统对于整个网络系统的接入性。兼容性是各子系统之间互补性要求的自然延伸。为此，需要对系统中各个部分之间的协同制定标准，这就是网络系统的标准化问题。

2. 网络经济系统的外部性

无论是物理的还是虚拟的网络，都具有网络外部性（或称网络效应）：联接到一个网络的价值取决于已经加入该网络的其他人的数量。

企业具有择优联接的取向，具有较高联接度的企业更容易得到联接，同样，具有更多企业节点的企业网络更能吸引企业加入，因为网络规模越大，新加入的企业更有机会与更多的企业进行信息互动，找到市场机会。这样，企业网络有不断增长的趋势，也越来越具有吸引力，形成一种不断放大的马太效应。当然，由于企业网络特有的功能目标，企业网络的增长是有极限的，最终会达到一个相对稳定的状态。

3. 网络系统转换成本高和锁定性强

转换成本（Switching Cost）是指从一种行为和状态转换到另一种行为和状态所必须承担的一次性成本或损失。在网络效应的作用下，企业的转换成本有增长的趋势，它意味着企业要放弃现有网络的收益而重新选择联接到其他网络所要付出的成本随着联接数量的增长而增加。

转换成本的存在强化了企业联接的锁定。在企业网络中，企业一旦作出了选择，与某一个或某些企业进行联接，由于转换成本的存在，就很容易被锁定在这一选择中，并沿着既定的路径演进，而很难为其他潜在的甚至更优的体系所替代。

因此，企业网络中存在多种可能的均衡结果，一旦某种随机事件把企业置于某一路径，网络效应就会在企业跟随预期的作用下引发正反馈，使企业网络沿着该路径到达一种均衡。

3.1.5　企业网络中节点企业的多属性

企业的资源和能力多样化使得企业可以同时与不同的

企业进行联接，而且与之联接的企业可能处于不同的企业
网络中，使得一个企业既可以在某一网络中占有位置，同
时在另一个或多个网络中占有位置，表现为企业网络中节
点企业的多属性。当然，由于决策行为的不同，企业在不
同的网络联接中所处的位置和发挥的功能可能存在差异。

　　企业的多属性还表现在，企业可以在不同的项目上与
互不重叠的伙伴进行合作，网络中存在广泛而非排他的关
联。"广泛"指的是不同协作安排的数目，而"非排他"指
的是企业 A 和 B 之间的协作并不排斥企业 B 和 C 之间的关
系。比如，戴姆勒—克莱斯勒在机动车辆的换挡变速装置
方面，独立获得了许多专利。同时，它又与 BMW 集团和大
众公司，一起进行旨在降低内燃机废弃排放的协作研究。
丰田汽车公司在内部开发汽化器方面取得许多发明专利，
同时也与大发汽车公司（Daihatsu Motor Co. Ltd.）在多汽
缸内燃机的吸气管方面进行协作，与阿辛华纳（Aisin-
Warner）在四轮驱动的变速装置方面进行协作。

3.2　企业网络的涌现

3.2.1　复杂系统的涌现

　　在复杂系统内部各子系统的相互作用是非线性的，这
使得部分和整体之间并不存在一般现象上的因果关系，系
统整体行为不能从组成单元的行为加以推断，而是部分行
为的集合导致的整体行为往往大于各组成部分之和，这即

为复杂系统的涌现。涌现是在高层次上聚集了系统内各部分行为和目的而带来新事物的产生，其形成的系统整体行为和目的对系统内各部分行为和目的构成了选择和适应的压力（戴汝为，1999）。

在自然界的生态系统中，有些物种能够共存在同一环境下，并且以同样的食物资源为生。但是，在利用这些资源的方式上存在着微小却非常重要的差别。比如，取食同一植物为生的不同昆虫，有的吃嫩叶，有的吃老叶；有的从叶子正面取食，有的从反面取食；有的吃叶柄，有的吃茎干；有的在夜间进食，有的在白天进食……用生态学术语描述，则称它们占据着不同的生态位（niche），这就是"生态分离现象"。占据同一或者相近生态位的物种之间存在强烈的竞争。生存压力迫使它们的特性与局部平均水平逐渐偏离，并且渐渐引起物种的进化分歧。这是在长期的演化过程中，物种对于生存竞争作出的自反应，是新物种形成与存活的重要因素。在生态学上，这被归纳为竞争排斥原理①，表述为：作为竞争的结果，几乎很难看到两个相似的物种占据相似的生态位。它们相互错开生态位，即各自采用的食物和生活方式可以使自身在竞争者面前占据有利的状态。而正是在这种个体适应性竞争的作用下，涌现出了长期稳定的生物链网络，维持着生态系统的平衡发展。

同样的，我们可以运用竞争排斥原理来理解经济系统。

---

① 参见：Chapman J L and Reiss M J, *Ecology: Principles and Applications*, 2nd ed, Cambridge, Cambridge University Press, 1999, 110.

企业迫于生存竞争压力，倾向于表现得与众不同，从而不断更新自身的状态，同时，企业之间的关联也会相应的发生变化。这种自然倾向可以促成经济领域中不同企业网络的产生（涌现），正如自然界中物种和生态链的形成一样。在企业网络中，每个企业都占有自己的"网络位"，保证自己的生存状态。

此外，相关的研究表明，结构和功能可以从同一个过程涌现出来，这时节点的状态以及它们之间的相互作用都随时间演变，二者互相反馈。网络节点的状态与连边关系协同演化，即耦合演化（co-evolution），耦合演化的相互作用可以导致复杂网络中多种类型的幂律的拓扑结构，由竞争排斥引起的节点状态的更新过程和拓扑结构变化的相互联系导致了节点的集体行为，它表现为网络结构特征之外的功能特征，比如像节点状态的多重分形、自发分级和进化分歧等一些功能的产生，从而导致宏观性质涌现，形成一个自组织网络。

结构和功能上的宏观特性的同时涌现使我们能够同时在可变细节的耦合演化的新平台上去理解企业网络。企业网络是由状态随时间改变的企业组成，企业之间的联接可以改变，并且这些企业网络中或多或少存在着竞争排斥现象。很多学者在耦合演化网络的研究中发现：节点状态关联取决于阈值而不是依靠节点的度；企业个体的一般性质（更新状态使企业自适应于竞争排斥，而且它们之间的联接相应发生改变）可以作为复杂系统自组织演化的驱动力；这些系统以不同拓扑量的幂律分布和具体功能为特征（何大韧、刘宗华等，2009）。

3.2.2 网络涌现模型[①]

网络科学对于网络涌现有比较完整的论述。时变更改导致网络中的结构化的重组称为涌现，通过涌现形成的网络称为涌现网络，它的形成是先从一些预定义的初始状态（即随机网络），然后通过一系列小的变化逐渐变成最终状态（即无标度网络）。这些小的改变是由微规则所定义的，它从内部、外部对网络产生影响。外部一般是来源于环境力量，而内力则经常来源于遗传力量。

在动态网络中，$G(t) = [N(t), L(t), f(t):R]$ 是一个时变三元组，由一组节点 $N(t)$，一组链路 $L(t)$ 和将链路映射到了一对节点的映射函数 $f(t):L(t) > N(t) \times N(t)]$ 组成。$N(t)$、$L(t)$ 和 $f(t)$ 是随着时间变化的，因此 $G(t)$ 表示成动态网络。

假设网络 $G(0)$ 在它的初始状态，将规则集合 R 中的一个或多个微规则在每一个时间步应用到 G 上，就从 $G(0)$ 到 $G(1)$，从 $G(1)$ 到 $G(2)$ ……迁移，直到达到某一最终状态 $G(t_f)$ 为止，或重复之前的状态：

$$G(t+1) = R\{G(t), E(t)\}$$

这里 $E(t)$ 是作用在 G 上的外力。如果 G 到达了终态

---

① 关于涌现模型的论述参考了：（美）路易斯（Lewis, T. G.）著，陈向阳等译：《网络科学：原理与应用》，北京：机械工业出版社，2011 年版，第143—145 页。

$G(t_f)$，对于所有 $t \geq t_f$ 仍然保持不变，那么 G 是收敛的，否则就是发散的。一个涌现网络不一定是收敛的，但是在有限的时间里，$0 \leq t \leq t_f$，在微规则 R 的有限数量的应用下，网络会从初始状态涌现出某个其他的状态（如图 3-3）。

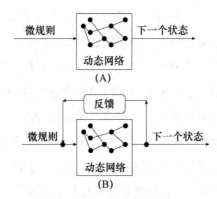

(A) 开环涌现，典型内在的或遗传进化
(B) 反馈循环涌现，一般外部或环境力量形成网络

图 3-3　动态网络中的涌现

资料来源：（美）路易斯（Lewis，T. G.）著，陈向阳等译：《网络科学：原理与应用》，北京：机械工业出版社，2011 年版，第 144 页。

在图 3-3A 是开环涌现的过程，它只应用没有反馈的微规则。下一个状态仅由微规则来决定，通过其状态的改变来过渡到网络的下〔　〕状态。这些微规则直接反复地执行一些很简单的操作，比如增加链路的数量，增加节点的度，限制链路的长度。它们的作用效果是局部的，并不是全局的，然而却可能产生意想不到的结果或是无法预测的网络全局属性。例如，网络的度序列分布是一种描绘其宏观结构的方式，而链路重联微规则可能描绘它的微观结构，在度序列分布和联接节点对的某个规则之间是没有明显关联的。因此，涌现就是在局部通过不断应用小的变化获得不可预期的全局模式的过程。

图 3－3B 定义了另外一种涌现的过程模型——反馈循环涌现，在这种情况下网络会经历状态的改变来满足某个全局目标，一般是由全局因素指定的，比如像网络联接的长度总和，最大流量，或者节点的总度数。因为目标是调整适应外部条件或限制，这个模型也同时被称为适应性涌现或环境涌现。除了微规则效应外，反馈循环带来的改变通常比微规则带来的影响要大。于是，过程还是像继续应用微规则，但是它们的作用是受反馈循环信息的控制和指导的。一般来讲，反馈是对外部定义目标的性能或进度的全局测量。

在反馈循环模型中，涌现还有一个目的——达到某个全局的目标——这是一个逐步增量实现的目标。因此，我们称这样的涌现网络为面向目标的涌现网络。面向目标的涌现是通过反复地应用微规则 R 和"修正"反馈信息来改变动态网络的全局属性的一个过程。随着时间的变化，目标会变成网络的一个涌现特征。例如，在企业集群的形成过程中，一些高新区按原来设定的目标进行招商引资、选择企业，最终涌现出的企业网络在某些特征上（比如规模、行业分布等）与规划目标具有一致性。

3.2.3　企业网络的涌现特征

涌现不仅是网络从一个初始状态到终态的转换。在物理和生物科学中，"涌现是系统中产生了某个新的现象的概念，但该现象又不在系统开始的规范中"（Standish，2001）。这个定义涉及微规则的反复利用，导致意想不到的宏观结构。在经济系统中，企业网络作为一个"新现象的出现"也是意想不到地从企业间的简单重联的多次应用中产生的。这个"新现象的产生"是从进化中出现的一个无标度度序列分布，然而"无标度结构"并不在系统的初始规范中。这种"新现象"是不可预期的，因为企业的偏好联接在局部层次工作，但是度序列分布是一个全局属性。

　　企业间基于社会关系和经济利益而建立起联接，这种联接关系是一种微观机制，企业在建立联接时并没有设计和规划要达到什么样的网络结构和规模，即使有一个核心企业着力于构建企业网络，但是最终形成的企业网络也会或多或少与原计划存在偏差，甚至有很大的差异。这是因为每个企业在建立联接时会由于偶然的因素而存在随机性，这是企业不可控制的，而且当网络的联接达到较大规模时，出现了较多层次的网络联接，就更难于控制企业网络的演化增长。因此，企业网络的形成就表现为一种通过企业间联接的微观机制，经过跃迁式的演化过程，呈现出具有网络拓扑结构的宏观经济性状的涌现现象。

　　在企业网络演化过程中，并没有一个集权的中央控制中心，企业的演化行为是一种自主的过程，企业在联接选择过程中能够相互学习，适应性地改变自己的行为特征，调整企业间的相互关系，并随着环境的变化而不断更新状态。企业网络中的企业之间的相互作用是非线性的，随着时间的演化，企业网络将进入某种不可预估的新的结构状态，即涌现出新的企业网络。

企业网络涌现是复杂经济系统自组织过程中出现的新的、协同的结构、模式和性质，具有以下特征（Arnold，1996）：

第一，企业网络的涌现是以前在经济系统中从未看到的特征，是恒新的现象，这种恒新现象既不可预测，又不能从系统较低或微观层次要素的行为上加以推断。也就是说，企业网络这种恒新的现象在其实际涌现出来之前，不能完整地预测出来。

第二，企业网络的涌现作为系统整体行为往往保持某种程度的一致性，这种协同使得低层次系统要素相互关联成为较高层次的系统要素。

第三，协同即意味着系统要素之间的关联，因此，相对于企业要素所处的微观层次而言，企业网络涌现现象发生在整体或宏观层次上。

第四，企业网络的涌现现象并不是预先给定的整体行为，而是作为一个复杂系统随时间演化而产生的一个动态的结构，涌现与系统的新吸引子出现有关。

系统的涌现特征揭示了复杂系统的形式或系统演化的秩序（Finsh et al.，2005），涌现意味着从本质上来说系统存在着层次，依据系统的构成部分属性来推断系统的整体特征是不可能的（Katherine，1991）。企业网络的涌现进一步解释了企业网络的复杂性。

第4章 企业网络的边界

在探析企业网络的网络属性后，我们发现了企业网络作为一个组织系统的特殊性所在，进而我们可以从网络属性考虑，对企业网络的边界进行分析研究，界定出本书的研究对象。

4.1 边界确定的多维度

既然企业网络是一种新发展的产业组织形态，则必然要有个边界，以区别于单独的企业和整体的市场，而且边界的确定也说明企业网络是一种稳定的组织状态，具有长期性。新制度经济学运用交易成本一维的分析方法，认为企业的边界取决于企业管理成本与市场交易成本的均衡点，而根据我们的分析，企业网络的联接具有多样性，企业网络形成的影响因素变量是多维的，这决定了我们在分析企业网络的边界时不能简单地套用交易成本分析方法，认为存在一个成本均衡的边界。事实上，企业网络不是多个企业的简单加和，其运作机理与单个企业的运行机制存在明显的区别，确定企业网络的边界需要有新的思维和方法。

朱海就（2008）指出，仅从治理机制（科层命令和平等的交易）的角度是不能把组织的边界界定清楚的，无论是企业、市场还是混合组织，都包含了这两种机制，只是程度有差异。他认为可以从所有权（法律上主体的独立性）、主体之间的协调机制（如合作）、主体的个数等多个不同的维度来确定网络组织的边界（朱海就，2008）。这启发了我们应用多维视角去分析企业网络的边界。

本书认为，可以从企业网络的形成机理和发展态势两个维度来确定企业网络的边界。从形成机制来看，我们引入联接强度和联接频率两个维度，从发展态势分析，企业网络具有多企业节点和动态稳定性，由此，可以把它们作为企业网络边界确定的另外两个维度。

1. 联接强度

企业致力于共同的利益目标而进行联接，由此形成企业网络，要维持网络的稳定性和持续性就必然要求企业的联接是紧密的，因此，企业间的联接强度就成了企业网络界定的一个必要因素。通过联接强度这一维度，可以把企业网络与市场区分开来。市场中有无数的企业，但它们之间有很多是没有联接的，或者只是有偶尔的、微弱的联接，无法形成一个企业网络，因此企业网络的边界是明确的，它必须要有较强联接度的企业间关系。

企业间的强联接关系，使企业双方或多方能够成为一个利益联盟体，同时，企业的强联接并没有影响企业作为一个经济体的独立性。强联接关系保证企业在既独立又合作的状态下持续地分享市场利益。

2. 联接频率

企业间的强联接关系决定了企业联接的频率是多次的。企业在合作过程中相互调整适应，互动中增加对彼此的熟悉度和信任度，合作效率不断提高，形成路径依赖。如果有新的市场机会，而且企业自身无法单独完成，企业会首先选择与长久的伙伴进行合作，共同开发产品，推广市场，分享利益。联接频率的多次性保证了企业网络的稳定性，企业不会轻易改变合作关系，每个企业都有保持既定联接的趋向，这样长期来看，企业网络的结构状态是比较稳定的。

3. 多企业节点

在界定企业网络边界的时候，我们认为，多企业节点是第三个维度，这是区分企业与企业网络的明显界限。企业就只有一个节点；在市场中，企业的个数是不确定的，有可能是一个（比如完全垄断市场）、两个（比如双寡头市场），也有可能是多个，不能确定多少；企业网络具有多个企业节点，而且在一些企业网络中，如协会、联盟、产业区，企业节点的个数是确定的。

4. 动态稳定性

企业网络既有稳定性，又是动态变化的。网络中的企业存在激烈的竞争，每个企业都在选择最优的企业进行联接，而每个企业的联接度是有限的，因此为了择优联接必须展开竞争，不断提升自己的竞争优势以获得核心企业的联接。竞争使得企业间的联接存在着变数，企业之间的联接不是一成不变的，而是在竞争中动态变换，可能存在新企业进入网络而淘汰部分原有企业，同时存在网络中企业之间联接的不断更替转换，从而使得整个企业网络表现出一定的动态性。但是，为了实现网络的特定功能，企业网络又要保持一定的稳定结构，企业联接的变换不至于改变网络的结构。因此，企业网络会呈现出动态稳定性。

4.2 企业网络的边界确定

结合上面论述的四个维度，我们可以确定企业网络的边界，同时也可以对企业网络作出定义：企业网络是多个企业节点相互之间具有较强程度、多频次（持续性）的联接，而形成的一个具有动态稳定性的网络经济系统。

从企业网络的边界确定维度出发，我们可以看出，企业和市场是企业网络的两种极端情况，企业是只有一个企业节点的企业网络（如果还可以称为企业网络的话），而市场是联接强度很弱、偶尔建立联接的企业网络（如果还可以称为企业网络的话）。从而，我们把企业和市场看成是企业网络的两种极端（特殊状态），而不是传统理论认为的企业网络是企业和市场两分法的一种特殊状态。因此，我们认为企业网络具有更一般的意义，它是社会经济系统中的一种常态。

企业网络是由企业节点组成的，这里的企业是指具有法律上财产权独立的主体，同时排除了一些非企业组织，比如科研机构、政府组织、社会团体等。在实际运行中，

存在企业与非企业组织的关联，只是这些非企业组织并不
是企业网络中的节点，而是作为企业网络的外界环境而存
在的。很多学者在研究企业网络时，把科研机构等非企业
组织也作为企业网络的组成部分，本书则根据企业网络的
边界限定，把它们作为企业网络的运行环境进行分析的，
这是值得注意的。

4.3　企业网络的分类

企业网络是个不断演进的概念，根据不同的划分标准
可以对企业网络进行不同的分类。

1. 按任务（企业节点的功能类型）划分，企业网络可
分为研发型、生产型、服务型和销售型。

定义 4.1　研发型企业网络：企业为了共同研发一个新
产品而进行知识合作，从而形成一个基于知识关联的紧密
的研发企业网络。

定义 4.2　生产型企业网络：由于产品的模块化分工，
一个产品的最终生产需要由不同的模块生产商提供相应的
零配件，从而形成一个基于模块化联接的生产型企业
网络。

定义 4.3　服务型企业网络：一项服务工作需要由不同
环节的服务商提供服务支持，从而形成服务性企业网络。

定义 4.4　销售型企业网络：企业基于各自的市场营销
优势，整合市场通道，打造一个共享的营销网络，从而形
成销售型企业网络。

2. 按网络中企业的地位关系划分，企业网络可以分为盟主式企业网络、联盟式企业网络、联邦式企业网络。

定义 4.5 盟主式企业网络：又称君主式企业网络，是指网络中存在唯一的具有高聚集度的核心企业，几乎网络中的所有企业都与之建立联接，从而形成了一个具有核心——边缘特征的非对称性网络（如图 4－1）。其中的核心企业具有识别、抓住市场先机的核心能力，拥有决定与谁联接的权利。

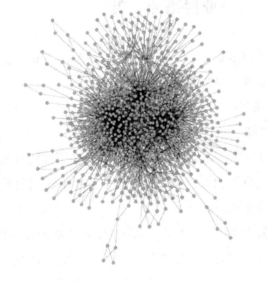

图 4－1　盟主式企业网络结构

定义 4.6 联盟式企业网络：又称民主式企业网络，是指网络中的企业节点具有比较平均的聚集度，从而形成一个对称性的企业网络。

联盟式企业网络没有核心企业，各个合作伙伴间实力均衡且优势互补，在平等的基础上，迅速捕捉市场信息，快速组建企业网络以抓住市场机遇。这种模式强调合作伙伴间的平等地位和能力均衡，因为任何一个合作企业的弱势都会形成一块竞争短板，不利于企业网络利益的最大化。合作企业间共同制定相关的运营及信任机制，平等独立地参与决策，共享利益共担风险，通过自发协调和相互之间的信任来沟通和完善运营中遇到的各种问题。

定义 4.7　联邦式企业网络：是指网络中存在多个核心企业节点，并且这些核心企业共同组成一个民主联盟，从而形成了一个层次性的企业网络。

联邦式企业网络分为两层，即核心层和外围层。宏观、高层上由核心层的成员组成的民主联盟（协调委员会）负责整个企业网络的协调管理工作；微观、底层上由各核心企业根据工作任务要求组建集成工作网络，完成既定的网络功能。核心层由核心资源或能力强势的骨干企业构成，被选择的合作伙伴们形成外围层。

3. 按网络的拓扑结构划分，企业网络可以分为完整网络、星型网络、环型网络。

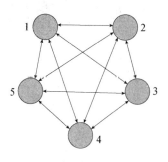

图 4-2　完整企业网络

定义 4.8　完整企业网络：指网络中每个企业都与其余的企业有直接联接，从而形成一个完整的网络结构（如图 4 - 2）。

定义 4.9　星型企业网络：指企业之间的联接是以一个核心企业为中心，周边企业与核心企业直接联接，而相互之间不存在直接联接，从而形成一个星型的网络结构（如图 4 - 3）。

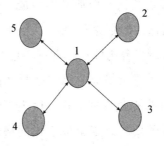

图 4 - 3　星型企业网络

定义 4.10　环型企业网络：指每个企业只与相邻的企业有直接联接，从而形成一个环型的网络结构（如图 4 - 4）。

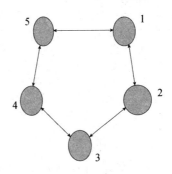

图 4 - 4　环型企业网络

4. 按企业网络联接的方式不同，可以分为战略联盟、虚拟企业、外包网络、特许经营网络、企业集团、企业集群、模块化生产网络、电商网络等。

关于企业网络的联接方式及相应的企业网络类型将在下一章详细论述。

第 5 章　　企业网络的联接及其作用机制

　　企业网络的核心问题在于如何构造能产生交互作用的网络关系，并保证网络整体的连通性，这都依赖于企业间的联接。联接是根据共同的目标将节点联系起来的桥梁和纽带，根据平等、自愿、互惠互利的原则建立的联接，使得节点间点对点的沟通、交换成为可能，也使得企业网络运作成为可能。从网络科学来看，联接是网络构成的基础，由此要建立网络科学范式的企业网络分析框架，首要的是对企业间的联接进行分析。本书借用联接的概念，把现有的研究企业网络运作机理的理论观点统一到网络科学的分析范式中来。

5.1　联接的模式

5.1.1　联接的表示方法

　　在网络科学中，联接的表示方法有联接图、邻接矩阵和邻接表三种。在联接图中，节点间的联接通过连线（边）进行表示，如图 5-1，V_1 和 V_2 有联接，V_1 和 V_3 有联接，

V_2 和 V_3 有联接，等等。在图 5 - 2 的邻接矩阵中，用 1 和 0 来表示节点之间的有无联接。在图 5 - 2 的邻接表中，直接列出了两两有联接关系的节点。

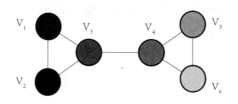

图 5 - 1　联接图

adjacency matrix

	V_1	V_2	V_3	V_4	V_5	V_6
V_1	0	1	1	0	0	0
V_2	1	0	1	0	0	0
V_3	1	1	0	1	0	0
V_4	0	0	1	0	1	1
V_5	0	0	0	1	0	1
V_6	0	0	0	1	1	0

adjacency list

1	2
1	3
2	3
3	4
4	5
4	6
5	6

图 5 - 2　邻接矩阵和邻接表

5.1.2　单向联接和双向联接

节点的联接还可以用数学模型来表示。在建立网络博弈模型时，用 $N = \{1,\cdots,n\}$ 来表示整个网络的集合，其中 i 和 j 为网络中的两个节点，如果 $g_{i,j} = 1$，就表示 i 和 j 产生了联接。根据信息流向的不同，联接可以分为单向联接和双向联接。前者是指通过联接 i 可以获得 j 拥有的信息，反之则不成立；后者则允许联接的双方都能通过联接获得对方拥有的信息资源。

单向联接用箭头表示信息的流向，如图 5 - 3 Ⅰ 所示，a 与 b、c 形成联接，c 与 a 形成联接，b 没有与任何人形成联接。

图 5 - 3　联接方式

双向联接如图 5 - 3 Ⅱ 所示，联接线两端由箭头换成了实心圆点，a 与 b 和 c 形成联接，c 与 a 也形成联接。只有一个端点是实心圆点的线段并不能表示双向联接，因此图中 b 没有与 a 或 c 形成联接，也就表明没有双向的信息流动。

在关于企业合作和企业网络的实证研究中，很多文献都证实企业间的合作是双向联接的。

5.2　联接的强弱及转化

企业网络是一个多层次的复杂经济系统，每一个层次的经济系统是一个子系统，也是一个具体的企业网络，在每一个企业网络节点上的元素就是各个具体的企业。企业网络内部各层次企业网络之间不是彼此孤立存在的，而是相互联接的，各层次企业网络内部的企业之间，以及不同层次企业网络内部的企业之间往往具有不同强度和不同形式的联接关系，我们把这些联接关系叫作企业网络中企业的关联性，关联性有强弱之分，用符号 k 表示，企业的关联性本质上是企业网络系统中企业节点间聚集程度和联接强度的宏观表现。

依据企业间联接关系的程度，我们可以把它分为无联接关系、强联接关系和弱联接关系。

5.2.1 无联接

企业间无联接即经济系统内有些企业之间不存在任何联接，彼此完全独立，节点之间的联接强度 $k = 0$，某一个企业的行为并不会对其他企业的决策产生影响，如不同区域不同行业内的企业基本上是无相关性的独立企业体，每个企业可以独立决策而不影响其他企业的正常生产经营。

企业间的无关联性可以用矩阵形式来表示，定义一个企业关系矩阵，其中，每个元素都表明相应两个企业之间的关系性质，用 0 表示独立关系，1 表示联接关系。设有一个包括六个（由六个企业所得到的结论，可以推广到在有限 n 个企业的条件下同样可以成立）企业（A、B、C、D、E 和 F）的无联接企业经济系统。该经济系统的企业关系对角线元素全为 1，表明每个企业都与自己有联接结构关系；非对角线元素都为 0，表明各个企业相互之间无相关性，联接强度为 0。这种联接状况可以用图 5 - 4 矩阵形式来表示。

	A	B	C	D	E	F
A	1	0	0	0	0	0
B	0	1	0	0	0	0
C	0	0	1	0	0	0
D	0	0	0	1	0	0
E	0	0	0	0	1	0
F	0	0	0	0	0	1

图 5 - 4　无联接企业关系矩阵

5.2.2　强联接

企业间的强联接即经济系统内有些企业之间彼此存在较强的联接关系，呈现相互联接的结构状态，形成一个企业网络，企业节点之间的联接强度 $k = 1$，即各个企业相互之间存在强联接关系，其企业关系矩阵的所有元素全为 1（如图 5 - 5）。

	A	B	C	D	E	F
A	1	1	1	1	1	1
B	1	1	1	1	1	1
C	1	1	1	1	1	1
D	1	1	1	1	1	1
E	1	1	1	1	1	1
F	1	1	1	1	1	1

图 5 - 5　强联接企业关系矩阵

强联接关系表明企业彼此之间互相配合，相联企业之间的行为能够互相影响，企业建立联接的行为比没有这种联接时能获得更多的收益。假设有 A、B、C 三个企业，以及企业 i 的收益函数 $U_i = U_i(i, -i)$，$i = A, B, C$，$-i$ 为 i 之外的其中一个企业，企业的目标函数 $G_i = \max(U_i)$，如果成立：

$$U_i(A + B) > U_i(A,C), i = A \qquad (5.1)$$

$$U_i(A + B) > U_i(A + C), i = A \qquad (5.2)$$

式（5.1）表明企业 A 和 B 是相互联接的，这种联接使企业 A 获得比没有联接时更高的收益。式（5.2）表明企业 A 和 B 的联接比 A 和 C 的联接能够给企业 A 带来更好的收益，因此 A 和 B 的联接更强。比如，产品配套互补型的企业是联接结构关系很强的两个企业，企业集团内的两个企业之间也具有较大程度的联接关系。

如果一个经济系统中各个企业之间都具有联接关系，这个经济系统就称为一个完整企业网络。企业网络的强联接性质表明各个企业之间相互依赖，任何一个企业发生变化都会影响其他企业的利益格局，甚至导致企业的某些功能无法正常发挥，在研究整个企业网络系统的演化及其效率和某一个具体企业的演化及其效率时，不能仅仅考虑该企业独立变化而不考虑其对其他企业演化的影响。当一个企业与不同的企业相联接时，整个网络系统会表现出不同的演化特征。

在企业网络中，由于各个企业之间存在着联接关系，部分企业的状态或变动情况会影响到其他企业的状态，甚至影响到企业网络系统的功能发挥和利益实现。比如某个企业脱离网络系统，可能导致与之联接的企业的生产进程受阻，在网络传递效应作用下，整个网络的生产效率将会降低，甚至完全失效。此时，某个企业的可能绩效不仅是自身的函数，更是其他众多相关联企业的多元函数。

企业间的强联接关系意味着，如果一个企业的单独变化将导致与它有联接结构关系的其他企业完全丧失功能，这表明该企业在整个企业网络中是不可替代的，这种对整体的企业网络效率起决定作用的某一个或几个企业，就是具有较高聚集度的核心企业。

5.2.3 弱联接

如果企业间处于无联接与强联接之间的联接关系则称之为弱联接关系。我们用 1 表达强联接关系，用 0 到 1 之间的数字表达弱联接关系，则数字越小，意味着联接性越弱，若为 0，意味着无关联。如果各个企业相互之间存在弱联接关系，那么其企业关系矩阵的相应元素的数值界于 0 和 1 之间。

弱联接关系意味着一个企业的单独变化将降低与它有联接关系的其他企业的功能，但不是完全丧失其功能，这样的企业我们把它叫作非核心企业。在企业网络中，非核心企业可以被其他一些企业所替代。

5.2.4 联接的转化

企业间的联接关系并不是固定不变的，而是存在动态演变的，表现在企业间新联接的建立、旧联接的中断、强弱联接的相互转化等。因此，在企业网络演化的过程中，系统内部各企业之间并不都是完全连接的，而是存在部分联接关系，企业之间既存在独立关系，又存在联接关系。企业网络的状态转化可以用图 5-6 的企业关系矩阵的变化来表示。

	A	B	C	D	E	F			A	B	C	D	E	F
A	1	1	1	0	0	0		A	1	1	1	1	0	0
B	1	1	1	0	0	0		B	1	1	1	1	0	0
C	1	1	1	0	0	0		C	1	1	1	1	0	0
D	0	0	0	1	1	1		D	1	1	1	1	0	0
E	0	0	0	1	1	1		E	0	0	0	0	1	1
F	0	0	0	1	1	1		F	0	0	0	0	1	1
			a								b			

图 5 -6　企业联接关系的转化

图 5 -6 企业关系矩阵的对角线元素都为 1，而非对角线元素有的为 1（表明相应的企业之间是联接关系），有的为 0（表明相应的企业之间是独立关系）。上述 a 图中，矩阵中的子矩阵 ABC 和 DEF，每个子矩阵的元素都为 1，表明 ABC 和 DEF各个企业具有联接结构关系。b 图中，矩阵中的子矩阵 ABCD和 EF，每个子矩阵的元素都为 1，表明 ABCD 和 EF 各个企业具有联接结构关系。从 a 图到 b 图可以看出，企业网络中的联接发生了转化，D 与 ABC 建立新联接，而与 EF 断开了联接。同时，图中还表明整个企业网络系统可以分为两个内部联系密切的子系统（社团），而各个子系统之间是独立关系。

由于两个子系统之间的关系存在弱联接，而各个子系统内部各个企业之间的关系存在强联接，因此，企业网络系统内同时存在强联接和弱联接，企业网络表现出明显的社团结构。

5.3　联接的类型及作用机制

企业之间通过签订正式合约可以建立联接，通过共同投资可以建立联接，通过企业家私人关系可以建立联接，通过聚集在同一区域可以建立联接，等等。不管是通过正式关系还是非正式关系，企业都可以为了利益的一致性而建立合作关系。经济理论与企业实践都说明了企业之间的联接具有多样化，通过不同类型的联接形成了多个层次的企业网络，如企业间营销合作网络、模块化生产网络、研发（R&D）网络、企业集群网络、企业国际贸易网络，同时还包括如企业家个人的家族网络、朋友网络以及其他非正式的潜在网络关系。

联接的建立使得企业能够在网络中传递资源、扩散知识或技术，实现资源有效利用与优化组合。企业在联接合作中产生互补经济，使得网络中的知识、技术等资源的效用得到充分发挥，进一步强化了网络中各个企业的作用和功能。企业间的联接能够促进企业的效益增长，并对企业的行为能够产生激励或约束，使得企业的行为比没有这种联接时能更好地实现企业的目标。

5.3.1 契约联接

1. 定义

市场经济是法制经济，市场主体之间的关系一般都是通过订立正式契约而建立和产生作用的，因此契约联接成了企业之间建立合作关系的普遍做法。

定义5.1 契约联接：指企业间通过订立正式的契约安排而形成的一种规范的企业间合作模式。这些正式的合约安排明确了各个成员之间的组织关系，而不仅仅是商品或服务的交换关系。

契约联接中最基本的是交易联接。交易联接是指企业间进行商品（服务）的交换而形成一种市场关系，通过频繁的市场交易活动，双方彼此相互了解，由此建立起相互信任、共同合作的稳定关系。我们认为，交易联接应区别于一次性市场交易，而是一种关系性交易形成的联接关系。

企业网络中的契约联接往往表现为要素契约关系（即指挥服从关系）融入商品交易之中（洪银兴，2003），契约联接关系是从市场中延续到产品生产过程中而实现的，这种交易的外部形式仍是市场中的商品交易，但是交易的对象不再是供给方单方面努力的结果，而是融入了购买方对于产品生产过程的指挥、协调和指导的产物（刘东，2003）。

企业通过契约联接建立起来的网络可以称为官僚式企业网络（朱海就，2008），它可以分为对称的和不对称的两种形式。

由生产类似产品的企业组建的行业协会是一种对称的官僚网络形式。比如茶叶协会、汽车协会等，它们都是基于正式的契约关系建立的行业联盟，并为成员企业提供共同的服务。决定协会运作效率的最关键因素是企业之间合作的方式。例如，西方最好的旅馆是通过企业家协会来经营的，他们之间的合作是基于以质量为基础的选择机制、内部信息系统，以及汇报和控制系统（Grandori，1987）。战略联盟也是一种对称形态的官僚式网络。在联盟中，成员之间有一种共同遵守的协议，这种协议的正式化程度在不同的联盟之间差异非常大（朱海就，2008）。

我们比较常见的代理、许可证与特许经营是契约联接的方式，由这种联接方式形成的代理网络、特许经营网络一般来说是不对称的企业网络。代理网络广泛应用于产品的标准化程度以及服务的复杂程度居中的行业，如汽车业、保险业。在代理网络中，通常用非常规范和严格的合约来明确各方的关系，以使代理人的目标和委托企业的目标相一致。

许可作为一种契约联接方式具有悠久的历史，过去常常被认为是一种非正式的市场合约，但现在的商业实践表明，许可合约包含了越来越多的正式的规定以及合约之外的正式关系，例如在医药生产或授权汽车的销售中。

特许经营常用于具有标准化的产品生产或服务规范的企业中，它在一些品牌比较专业化、产品质量较为重要的行业中具有明显的优势，比如食品业中的快餐巨头"肯德基"，服装业中的品牌连锁店。

2. 作用机制

契约联接是企业间通过订立正式的、受法律保护的法律契约而建立的合作关系，契约生效后即具有法律强制性，具有保证企业合作得以持续的基础。如果一方违约将受到法律的惩罚，并赔偿另一方损失以保护合作方的利益，这样，基于违约成本高昂有助于合约双方履行合作条款，抑制企业的机会主义行为。因此，契约联接借用法律的权威性和威慑力保证了企业之间稳定的联接关系。

企业间的契约联接一般都有标准化的规定，包括产品生产和服务规范等方面，这有利于提高合作方对产品和服务的认可度，并可以减少企业间的沟通协调成本，提高合作效率。在一些复杂的产品生产合作中，企业间的合约可以附加许多具体的操作机制，使产品的标准、管理方面以及技术方面的诀窍、绩效的控制措施等知识能在企业间进行转移，保证合作的成功。

同时可以在契约规定企业间的收益分享制度，确保合作双方的利益均衡。

5.3.2 产权联接

在现实中，我们经常看到技术一方与资金一方的合作，基于双方的互补性，他们往往希望能够组织一个稳定的企业来发挥各自的功能。然而由于存在合作的结果难以预测、成员的绩效难以测度和交易高度专业化的合作风险，他们往往通过产权安排来确定双方的合作，其中的产权具有"人质"的功能，可以保证合作的稳定性。因此，产权联接也是企业合作关系建立的一种有效途径。

1. 定义

定义5.2 产权联接：是指企业之间基于产权（股权）关系而成为利益共同体的关联企业，这种产权关系可以是一方参股另一方、双方互相参股、双方共同拥有第三方股权、双方同时由第三方参股，或者是更多层次的股权结构等多元产权关系。

通过产权联接而形成的企业网络，成员之间是参股与被参股关系，其优点是成员企业之间因产权联接而形成利益共同体，因此具有较强的凝聚力和向心力，有利于网络的巩固和发展。

从产权的角度来看，企业之间的联盟意味着合作各方都放弃了绝对的私有产权和对企业的完全控制权，而将部分产权放到公共领域，由联盟企业共同享有，这就形成了部分的"私有"与部分的"共同"产权的结合（巴泽尔，1997）。这种产权结合可以实现一个资源共享、风险共摊、优势互补、专业化分工合作的产权安排的"租金"收益（李新春，2000）。

产权在网络中起到延续合作的激励作用。在不确定性和机会主义比较盛行的情况下，基于产权的激励是比较有效的，在基于产权的网络中，合约的规定一般也比较正式。合资和风险投资是建立产权联接的两种基本模式。

两个或更多的企业（作为母公司）为了完成共同的一项任务，通过合资方式共同拥有、管理第三方企业，从而构建了一个基于合资（产权）联接的企业网络。合资在R&D、高科技行业或者是信息较为复杂的领域中比较常见。在合资中，需要利用各种不同的合作机制，如人与人之间的交流、共同决策、谈判，等等。在合资形成的网络中，股权是维持企业间关系的重要纽带。

风险投资方在进行风险投资时，为了避免资金风险和保证投资收益等问题，往往会与被投资方之间建立一个新的企业，投资方与被投资方之间形成一种较为正式的组织关系。在新建立的企业中，风险投资方不仅要入股，而且要派遣管理人员参与企业的管理，特别是在高技术产业中尤其如此。风险投资方基于产权模式对多个企业进行投资并参与管理，由此形成了一个基于风险投资（产权联接）的企业网格。在风险投资企业网络中，要求投资者对被投资企业的信息有充分了解，要求双方之间有完善的信息沟通渠道。

2. 作用机制

产权联接是企业采取出让部分产权的方式来维持与其他企业的长期稳定的合作关系。企业通过产权联接成为一个利益联合体，不同的企业在共同的产权项目上互为融合，为在技术、产品或资源等方面的合作关系提供基础。此外，在产权联接基础上，企业之间的员工可以互派交换工作，使来自不同企业的员工之间有充分接触和互相学习，可以增加知识和信息的传递交流，强化联接效应。

产权联接是具有平等对称性的双边或多边协商的结果，一旦确定好产权安排和合作签约就不是某一方可以任意改变的。因此，产权联接比其他类型的联接更具有稳定性。

企业间的产权联接除了通过公开的、正规的股权合同确定企业间的权利分配外，还存在一些象征性的或隐性的产权，这样的产权属性同样可以保证企业之间稳定的联接关系，共享合作利益。

隐性产权为企业间的持续关系提供了可信赖的承诺，这种关系是建立在有关产权的"隐含的"但同时又是共享的认同之上的，从而保证了企业合作的有关产权的分享制度（周雪光，2005）。

5.3.3　关系联接

1. 定义

现实中，很多企业之间的关系不是通过正式的合约安排规定的，而是非正式的社会关系。比如通过企业家或经理人员之间的个人交往将企业联接在一起，这种个人网络可以帮助企业家获取可靠的信息，这些信息对企业来说，往往有潜在的、难以预料的经济价值，而且是市场中难以获得的。因此，通过个人网络产生了企业联接，并可能导致企业间规范化的合作。

定义 5.3 关系联接：即通过企业家或经理人员之间的社会关系而建立的企业间的联接，它通过非正式的社会关系为企业提供获取关键技术和市场信息的途径，可能导致企业间规范化的合作。

关系可以分为强关系和弱关系，强弱关系在企业之间建立联接过程中发挥着不同的作用。强关系维系企业网络内部企业间的稳定关系，促使企业之间建立和发展相互的信任，便于有效的高质量信息和隐含的经验知识的交换和学习。弱关系为企业获得关键信息或建立新联接提供可能的渠道。衡量关系强弱的指标有互动频率、感情力量、亲密程度和互惠交换等。互动次数多、感情较深、关系密切、互惠交换多而广为强关系，反之则为弱关系。

通过关系联接而建立起来的企业网络，根据成员间的关系对等性不同，可以分为平等型网络（联盟式企业网络）和中心型网络（盟主式企业网络）。在平等型网络中，其成员之间的关系是平等的、对称的，企业之间的关系是水平方向的相互依赖。在中心型网络中，企业之间的关系是不对称的，存在一个核心企业，企业之间包含了垂直方向的相互依赖关系。

企业合作往往起源于企业家之间的社会关系，由于个人之间的了解和信任，两个企业才建立起了交易关系或者合作关系，形成一种紧密的企业联接。典型的关系联接的例子是家族企业网络的构建。家族企业网络中最主要的纽带之一就是血缘关系，由于血缘关系，家族企业间建立了比较紧密的联接，这种天然的关系网络成了家族企业体制外成长壮大的基本路径（李新春，2000）。

日本大企业的"人事互派"是一种制度化的人际网络，它在人际交流的基础上，形成企业间的共同的决策，由此形成了基于人事互派的企业网络，这种网络在规范那些包含重要的、不能通过合约来确定的资源上具有比较高的效率。

外包网络是一种典型的中心型企业网络。网络中有一个核心企业，为了完成既定的目标，基于比较优势考虑或特定的原因，它会将一些非核心的重要的业务交给外面的多个企业来完成，从而构成了一个以主导企业为核心的外包网络，并表现为一种星型企业网络。比如日本的企业集团就是一种外包网络。

2. 作用机制

关系联接是企业累积的社会资本或企业家累积的社会资本在企业合作中的应用，企业间的社会资本越多越可能建立关系联接，并且联接的强度更大。关系联接的建立可通过关系嵌入和结构嵌入两种途径，而且更多的是多种关系的交叉、重叠，社会嵌入性有助于企业间关系联接的稳定性。

关系联接是建立在信任和声誉基础之上的，很多研究都强调信任在企业间建立关系的重要作用（Bradch、Eccles，1989；Poewll，1990；Perrow，1992；Poewll、Doerr，1994；Larson，1992；Gulati，1995；Lorenz，1995；Uzzi，1996），信任机制是建立组织间非正式关系的基础，它有助于企业共同价值观和道德感的形成，通过关系互动塑造对企业声誉的认同，并形成一种制约，促使网络中的企业诚实守信，不轻易毁约，以免破坏自己在网络中的声誉（黄洁、刘清华，2012）。在信任机制和声誉机制的作用下，企业间可以保持稳定的关系联接。

企业在现实社会生活的交往过程中是需要相互信任的，企业网络中同样需要信任。企业网络中的信任显得尤为重要，这种信任意味着企业对网络中的企业能够公正维护企业正常的网络秩序、绝对不采取任何手段来损害其他成员合法利益的机会主义行为、成员彼此之间共同承担一切风险、共同分享利益的预期以及信心。信任是个互动的同步过程。交易双方的信任是相互的、双方的，即当一方信任另一方时，另一方可能因为对方的信任而作出值得信任的行为，并采取相信对方的态度和行为。相互信任的成员会树立良好的口碑，使其他成员相信在自身不对对方产生伤害的前提下，对方也不会对自身作出机会主义行为。

企业的声誉一方面来源于与组织行为规范相关的企业行为（是否遵守组织行为规则）；另一方面来源于企业能力所体现的行为。具有较高的声誉的企业更容易被信任和认同，有助于关系联接的建立。

5.3.4 聚集联接

1. 定义

很多企业以前分布在不同的区域，企业之间没有业务联系，企业主之间也没有交往关系，企业间没有建立联接。而当它们迁移到同一地理位置时，就可能要发生关联关系，因此企业通过聚集在同一个地方可以产生联接关系。

定义5.4 聚集联接：是指企业聚集在相同或相近的地理区域上从事经济活动，由于共享基础设施、服务设施、公共信息资源和市场网络，拥有共同的辅助企业供应商，可以直接面对面交流而形成的一种联接关系。

马歇尔对于地方性工业的论述有助于我们理解聚集联接。马歇尔论述的"分工专业化"是聚集联接的基础，同时他还强调不同部门之间的"综合"，也就是我们说的企业联接。马歇尔认为企业由于"聚集于同一个地方"节约了"交通成本"，并产生外部经济，提高了工业区的效率（马歇尔，1964）。马歇尔强调锚固（anchored）于一个地区中的历史的、社会的、文化的因素的重要性和不可逆转（irreversible）性，正是这些因素的共同作用导致产业区效率的外部经济。

蔡漳平、叶树峰（2011）在《耦合经济》一书中，提出了聚集结构体系的概念，他们认为，以存在于环境中的一种或几种物质组成的体系，在某种环境因素的作用下，从环境中吸取能量聚集于体系内；在体系内改变物质性质和物质状态的复合过程中，使聚集而成的体系的总能量以动能等形式来表示，这种能量高于物质原来赋存于环境中的总能量水平的结构叫聚集结构。用聚集结构形成的新的物质体系叫聚集结构体系。用聚集结构形成聚集结构系统的过程叫聚集结构过程（蔡漳平、叶树峰，2011）。根据聚集结构体系的观点，我们认为企业之间由于聚集联接而形成的企业网络也是个聚集结构体系，由于聚集效应，整体网络聚集的能量高于原来环境中的能量总和。

企业集群（产业区）是典型的基于聚集联接而形成的企业网络（聚集网络）。

2. 作用机制

聚集联接使得企业可以面对面交谈，增进了解和信任，促进技术进步，加快观念、思想和知识扩散。

企业在空间聚集联接，更加便利于企业选择合作伙伴，提高交流效率，促进企业之间的分工与合作，形成了企业集群网络。企业在网络互动中通过网络结构获得创新资源和要素，并增进了相互信任和认同，形成了社会资本，进而降低交易成本和提高创新效率。

聚集联接促进了企业间的信息交流和相互学习，能够启发和激发创新。大量处在同一行业或相关行业的企业在地域上的聚集使得信息交流、区域内的产业分工和相互合作以及相互学习效仿变得十分容易和成本低廉，从而使得一些好的技术经验和优秀的管理模式得以迅速学习和应用推广。企业的知识创造、交流、吸收促进了知识的积累，产生了新的可利用的知识，使得产业区的创新能力不断提高。因此企业的聚集联接推动着创新的迸发，并有利于新知识的创造更新和传播扩散，企业在知识共享中增进了双方的相互联系。

聚集联接具有不断增强和扩展的趋势。企业聚集在一起，可以共享信息、知识、技术等资源，聚集效应使得网络成员企业可以获得更多的网络效益，从而有信心扩大更广范围的深入合作，网络中成员企业间的信赖程度日益增强。在这样的联接机制下，网络成员企业会珍视在聚集地已经积累的社会资本以及共创共用的网络利益，这使得企业不会轻易离开聚集网络，而且能更自觉地强化整个网络的向心力。由于在同一个地方，企业之间的交易合作和非正式交往会越来越频繁，不同部门之间的联系越来越紧密和稳定，形成一种比较强的联接效应，带动产业链发展，进一步产生配套需求，吸引更多的配套企业加入网络，从而扩充了网络规模。

在聚集网络中，各成员之间的凝聚力和支配主要是靠拥有的资源（包括人力资本、技术诀窍等），这种相互间的依赖性成为缔结和维护网络的关键要素和保障机制。此外，聚集网络在发展的过程中会逐渐形成一种共同的组织文化，这种文化不仅具有教育和激励功能，而且具有强大的凝聚效应。由于企业聚集在同一个区域，具有相似的社会经济背景，企业在合作交流过程中相互融入对方的企业文化，其思维和行为模式的一致性越来越高，从而逐渐形成一种具有显著特征并能兼顾各方利益的网络文化。在这种共同网络文化的形塑下，网络成员企业间的矛盾和冲突会逐渐减少，企业间的合作行为的连续性进一步强化，保证尽可能小的干扰和破坏相互间的信任关系，从而维护了网络联接的稳定性。

5.3.5 模块化联接

1. 定义

技术的进步和分工的发展，使得模块化越来越成为企业的一种生产策略，即企业把复杂的产品生产划分为许多能够独立设计、具有独立功能的业务环节，它们在整体上构成产品的完整功能（Baldwin C., Clark B., 2000）。这种既独立又整合的模块功能分工超越了传统的线性的生产工序、生产工艺的分工，并逐渐发展演变为各子模块之间平行式的立体网络结构。模块化分工合作成为企业建立联接的一种方式，因此我们提出了"模块化联接"的概念。

定义5.5 模块化联接：是指企业在模块化分工的基础上，为了完成整套产品的生产，而有倾向地选择相应模块化厂商，从而建立一种基于产品生产的企业合作关系。

由于模块化主要是应用于产品的生产领域，因而由模块化联接而形成的企业网络是模块化生产网络。模块化生产网络经常出现于汽车行业、航空产业、通信设备等复杂产品制造行业。

2. 作用机制

模块化联接是在产品生产具有统一的界面规则情况下

的企业间的分工合作，由于产品设计的标准化，使得企业之间在合作沟通上能够快速地相互理解，节省了沟通成本，提高了合作效率。

模块化联接是基于知识的"松散的耦合"的关联形式，由于模块产品的通用性，主导企业在选择相关模块产品的供应商时，不必是唯一的，他们随时都可能终止与某个模块化厂商的联接，而迅速与另一个模块厂商建立联接。同样的，模块供应商也能够迅速找到与之联接的企业。从这个方面来看，模块化联接的锁定效应相对较弱。

松散耦合的联接使得独立的模块企业往往可同时嵌入多个模块化生产网络，提高各创新节点的可重用性，从而促使产品的技术信息在网络中传播，有利于创新的扩散。

5.3.6 互联网联接

1. 定义

信息技术的发展，使得在互联网建立市场交易和供应合作成为一种便捷的通道和时尚的追求，因此电子商务应运而生。网上商家通过在一个共同的网络平台（比如阿里巴巴，淘宝商城）建立联接关系（这种联接类似于空间上的聚集联接），它们随时可以在网络平台上建立交易关系，并可能维持稳定的供应关系（类似于交易联接），只是它们的联接是通过互联网进行的，因此，我们把这种联接关系称为互联网联接。

定义5.6 互联网联接：指企业之间基于网络平台，通过互联网进行信息交流和交易实现，并形成一种稳定的持续的合作关系。

互联网联接是由于电子商务的发展，一些新兴的网络厂商，或传统的线下厂商越来越多开通网络交易通道，借用互联网的快捷、方便、高效的交易手段，而建立起广泛的联接关系。

网商企业通过互联网联接，在共享的网络平台上构建了一个庞大的电商网络，比如阿里巴巴、天猫和拍拍网上的众多电商组成的联盟。

2. 作用机制

互联网信息技术的应用，拓展了信息共享范围，降低了信息获取成本，增强了信息传递的及时性和完整性，弱化了企业间的信息不对称，因此，互联网联接可以提高企业的交易合作效率。

先进的网络技术使得基于互联网的联接能够带来更少的信息失真和扭曲，而且互联网信息具有自动传输和扩散功能，信息成本和监督成本很低甚至为零，这可以较好地防范和监督由于信息不完全、不对称导致的机会主义行为，增加电商企业的信任度，有利于企业联接的顺利进行。

网络搜索技术和即时通信的应用，使企业可以很快地、几乎零成本地搜寻到其合意的合作方并与之进行快速充分的交流，网络交易系统的应用降低了企业签订合约的成本，网上支付系统的运用降低了企业资金交易的成本，这都可以大大提高了企业的联接效率。

网络交易平台把企业的信誉记录公开化，促使电商企业为了维护自身的声誉形象而不轻易毁约，维持稳定的联接关系。比如阿里巴巴，天猫、京东商城、拍拍网等都有为商家和客户提供对每次交易满意度的评分或评价系统，并能够即时反馈，而且长期保留记录。而通过这些历史的交易信息和评价记录可以知晓和判断商家的信誉情况，从而能够抑制商家的机会主义行为，降低道德风险，促使电商保证良好的经济行为。这样，一方面可以使商家获得更多的联接，另一方面可以保持商家之间合作的稳定性。另外，阿里巴巴和淘宝网等网上交易平台还运用一系列措施来确认交易双方身份，可以被视为第三方机构，充当信誉保证人，比如支付宝，从而降低交易双方的信用风险。网络交易平台的不断完善，使得通过互联网的联接越来越成为企业之间合作的选择。

需要说明的是，企业间的联接并不机械地确定为是上述联接类型的某一种，而可能是多种联接方式的交融，通过多种联接关系使企业间的合作更为密切。比如，在聚集联接的基础上，可能同时存在契约联接、关系联接、产权联接、模块化联接等多种联接机制。当然，还存在着联接方式的更替和反复，比如从关系联接到契约联接，再到产权联接等。

第6章   企业网络的演化分析

关于演化的研究在经济学和网络科学都有重要的位置，企业网络的涌现说明企业网络是不断演化的过程，因此对于企业网络的演化分析既是研究框架构建的要求，也是对现实经济现象进行科学分析的需要。本书借用网络科学的复杂网络模型，对企业网络演化的特性和动态过程进行分析。

6.1   企业网络的演化过程及特性

6.1.1   企业网络的动态演化

企业网络是一个复杂系统，是个不断演化的过程体，网络结构决定了网络行为，而企业网络的行为同时会对企业网络结构的演化产生影响。企业网络系统的行为主要是企业的联接、自组织和动态演化行为等。

企业网络是嵌入在社会结构之中的经济系统，其演化行为除了受本系统结构的影响外，还会因为外界环境的影响因素而更具复杂性。因此，对于企业网络演化过程的考察，应该从经济的、历史的、文化的、社会的、组织的等与企业网络相关联的领域来研究企业网络的演化及其复杂性。企业网络的演化分析需要借鉴混沌理论、耗散结构理论等自组织理论以及其他复杂性科学的成果。

企业网络的开放性使得企业能够与外界进行物质、知识与信息的交换，企业网络往往处于非平衡状态，激励了企业网络内部各社团、各企业之间的非线性、交叉循环地相互作用，即企业之间的相互交流与学习、交互竞争与合作，并产生网络效应与协同效应推进了企业网络的自组织演化。在竞争与合作的推动作用下，企业网络能够涌现出整体新的功能与模式。

由于环境的变幻性和企业个体的差异性，企业网络在演化过程中，会存在随机性的、不确定性的、程度不一的涨落现象。当网络内部出现微涨落，对原有企业网络结构的冲击低于临界状态，则涨落将逐渐回归，并强化了原有的企业网络结构；而当这些涨落幅度较大，超过了临界状态，则会冲击原有的企业网络结构，破坏了网络的稳定性，形成分岔，

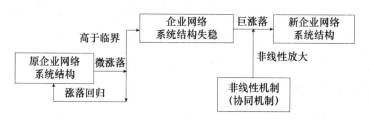

图 6-1　企业网络系统结构动态演化

资料来源：作者改制。参见：孟琦、韩斌：《企业战略联盟协同机制研究》，哈尔滨工程大学出版社，2011 年版，第 59 页。

使得网络结构产生跳跃性。这些跳跃性导致网络的发展呈现不确定性，在非线性机制的放大效应作用下，形成巨涨落，推动网络结构的演进，如图 6-1 所示（孟琦、韩斌，2011）。

6.1.2 企业网络演化的特性

从演化结果来看，企业网络演化具有以下几个方面的显著特征：

（1）企业网络演化中历史的重要性。企业网络的演化是个历史接续过程，企业网络的现状决定于过去的每一次改变，并将对未来产生影响，表现出演化具有不可逆的路径依赖，而且存在演化结果的不确定性。

（2）企业网络演化的多样性与"嵌入性"。企业网络的涌现说明企业网络最终呈现的结构是不可预测的，企业网络在演化过程中既有企业确定性的努力，又存在无法预料的随机情况，企业网络演化具有多样性，表现为多类型多层次的网络结构。此外，企业网络是嵌入在社会系统中的，企业的选择演化始终受到社会条件的约束，具有明显的"嵌入性"。

（3）企业网络演化结果的非帕累托最优性。企业网络演化的结果并非总是帕累托最优的，演化过程中甚至可能出现倒退或中断，偶然的因素可能会造成企业网络长期锁定于某种状态中。

从演化过程来看，企业网络演化具有以下特性：

1. 企业网络演化遵循择优联接的原则

经济学上的趋利原则与网络科学上的择优联接具有相同的隐喻。企业在选择合作伙伴时，是要基于成本收益算计的，由于网络效应强的网络能为企业带来更多的收益，因而企业更倾向于选择规模较大和连通性较强的网络。在网络中，企业的地位和能力往往存在差异，具有较高地位和较强能力的企业更能够为整个企业网络的效益作出贡献，同样地，他们更能够帮助与其建立联接的企业获得利润，所以这样的企业节点更能够获取联接。

每一个节点企业希望通过竞争在网络中争夺有限的资源，从而提高自身的盈利能力和收益水平，谋求更高的网络地位。在企业网络中，高聚集度意味着企业具有较高的地位，聚集度高的企业获得新节点企业的联接的概率更大，而聚集度低的企业所具有的联接在整个网络中的比例将随着时间的推移越来越小。企业联接的择优是企业网络的一个重要特点，也是企业网络演化的根本动力和源泉。对于任何新企业节点来说，当它进入企业网络时，就具有择优联接的本质特征，这种本质特征正是企业希望尽可能实现自身利益最大化愿望的行为。当新企业节点进入后，这些企业将会采取行为，它们首先分析其他企业的行为和反应方式及其相应的利益，然后进行判断，如果与某一企业联接（合作）有利于自己，联接就会发生，并重复所采取的行动，反之，则修正自己的行为。因此，当新企业节点出现时，它们更倾向于联接到已经有较多联接的企业节点，在这些新企业节点看来，这些拥有较多联接的企业似乎更有可能帮助自己提高自身的收益水平。因此，联接度越大的企业节点更能够获得联接优势，在企业网络中变得越来越重要，对其他节点的影响力就变得越来越强，出现了"强者愈强"的现象。

2. 企业网络演化具有小世界性

企业在择优联接规则的作用下，将涌现出一个具有高聚集程度和最短路径（Watts et al., 1998）的小世界网络和无标度网络，这表明企业网络演化具有小世界性。小世界性使得信息在企业网络中的传播只需要通过几个跳跃便能到达其他企业，信息的传递非常迅速，而且具有较低的传播成本。

企业网络的小世界性表明，在企业相互联接的网络结构中，数量极少但度值极高的企业节点在协调其他大量的节点的相互关系中处于中心角色的地位，它们容易整合或集中其他企业的意志和意见，使得网络中的信息具有更高的传递效率和更宽广的传递范围，表现出较高的网络演化效率，这在某种程度上代表了小世界企业网络的演化竞争优势。

企业网络的无标度特征对企业网络演化的效率有着深刻的影响，这种影响主要体现在具有高聚集度的企业节点的作用上。高聚集度企业节点作为网络的枢纽，在演化过程中发挥着支配性的作用，是其他企业择优联接、依赖和学习的主要对象，因此，高聚集度企业节点的状态、结构及运作效率对整个企业网络演化效率具有重要的影响。

6.2 企业网络演化的复杂网络模型

6.2.1 企业网络演化的 Barabási-Albert 模型

1. Barabási-Albert（BA）模型的平均场理论

BA 模型是由 Barabási 和 Albert 提出的关于复杂网络演

化的一个模型（Barabási & Albert，1999），它颠覆了传统的基于网络规模不变和不受节点度影响的随机联接假设的网络演化模型，把网络演化模型建立在现实网络的两个重要性质——生长性和择优联接性——之上，这是网络重要的动力学因子。模型考虑了网络中不断加入新的节点的情况，并假定新的节点具有与网络中度数大的节点进行优先联接的趋向，这说明节点度对于节点的联接概率有较大的影响。网络增长和择优联接的动力学机制可以通过平均场理论（mean-field theory）来进行分析（Barabási，1999；Bak，1987）。

根据平均场理论，节点 i 的度 k_i 随着时间而变化，假设 k_i 是一个连续的随机变量，其变化速率正比于 $\prod(k_i)$，因此，k_i 满足动力学方程：

$$\frac{\partial k_i}{\partial t} = m \prod(k_i) = m \frac{k_i}{\sum\limits_j^{N-1} k_j} \quad \text{其中} N = t + m_0 \quad (6.1)$$

分母求和为 $2mt$，于是有

$$\frac{\partial k_i}{\partial t} = m \prod(k_i) = \frac{k_i}{2t} \quad (6.2)$$

因此在时刻 t_i 的初始条件为 $k_i(t_i) = m$，故此方程的解为

$$k_i(t) = m(\frac{t}{t_i})^\beta, \beta = \frac{1}{2} \quad (6.3)$$

方程（6.3）说明所有节点的度都以共同的幂定率规律进行演变。

由方程（6.3）可以得到一个度小于 k 的节点的概率：

$$P\{k_i(t) < k\} = P(t_i > \frac{tm^{\frac{1}{\beta}}}{k^{\frac{1}{\beta}}}) \qquad (6.4)$$

假设等时间间隔地向网络中增加节点，t_i 值就有一个常数概率密度：

$$P(t_i) = \frac{1}{m_0 + t} \qquad (6.5)$$

将式（6.5）代入（6.4）有

$$P\{k_i(t) < k\} = P(t_i > \frac{tm^{\frac{1}{\beta}}}{k^{\frac{1}{\beta}}}) = 1 - \frac{tm^{1/\beta}}{k^{1/\beta}(t + m_0)} \qquad (6.6)$$

于是得到度分布为

$$P(k) = \frac{\partial P[k_i(t) < k]}{\partial k} = \frac{2tm^{1/\beta}}{m_0 + t}\frac{1}{k^{1/\beta+1}} \qquad (6.7)$$

当 $t \to \infty$ 时，有

$$P(k) \sim 2m^{1/\beta}k^{-\gamma}，其中 \gamma = \frac{1}{\beta} + 1 = 3 \qquad (6.8)$$

可以看出 γ 与 m 无关。从对尺度不同的各种现实网络的考察和统计分析中，学者们发现了很多网络遵循幂定律，从而建立了一个与时间无关的度分布模型。

2. 企业网络演化的 BA 扩展模型

作为一个复杂网络系统，企业网络同样遵循择优联接和生长性的演化规律，我们可以应用连续介质理论对其择优联接和增长的动力学机制进行分析。为此，我们可以构造出下列企业网络的 BA 模型：

（1）节点增长与网络形成。在初始时刻，假定有 n_0 个孤立的节点，在以后的每一个时间间隔中，新增一个度为 $m(m \leqslant n_0)$ 的企业节点，并将这 m 条边联接到已经存在的

m 个不同的企业节点上，从而形成了一个企业网络。

（2）择优联接。当在网络中选择节点与新增节点联接时，假定被选择的节点 i 与新节点联接的概率 $\prod(k_i)$ 与节点 i 的度成正比，即

$$\prod(k_i) = \frac{k_i}{\sum_j k_{ij}} \tag{6.9}$$

这样经过 t 时间间隔后，所形成的企业网络就具有 $N = n_0 + t$ 个节点和 mt 条边。由方程（6.2）可看出，网络中节点度的变化满足 $\frac{\partial k_i}{\partial t} = \frac{k_i}{2t}$，初始条件 $k_i(t_i) = m$，该企业网络最终自组织成无标度网络，即节点具有度 k 的概率为 $\gamma = 3$ 的幂率分布。

在企业网络的 BA 模型中，其主要的动力学过程是新节点的增加和择优联接，它是一个不断成长的网络。新进入企业网络的节点与企业网络内已存在的企业节点联接的概率与该节点的度成正比，反映出新进入企业的一种偏好，这种偏好产生的根本目的在于企业提高自身在网络中的生存能力，即适应性或者收益，这是企业网络演化的根本动力。对于企业网络中已经存在的企业节点而言，它们并不是被动地接受新进入节点的联接，它们也会采取适当的竞争策略来提高自己的适应能力，以吸引新企业节点与其联接。从上面的分析我们可以知道，企业之间的联接是一种双向联接的行为。

上述 BA 模型只考虑了新增加的企业节点与企业网络中已有的企业节点之间的择优联接关系，事实上，在企业网

络中，在新的企业节点进入的同时，网络内部已有的企业
节点之间也会产生新的断键重联，即出现诸如利益的重新
选择和调整。从复杂网络的角度来说，这表明企业网络的
动态演化是网络中的企业联接适应性变换和新企业节点不
断加入网络的同步演化，表现出网络结构与规模的动态成
长。因此，在构建企业网络的演化模型中，既要考虑网络
新增加节点的择优选择，又需考察企业网络内部已有企业
节点之间联接的变化。下面，我们进一步构造出包括新企
业节点的增长和网络内部联接变化的企业网络演化模型
（李增扬等，2005；范如国，2011）：

（1）节点增长与网络形成。在初始时刻，假定有 n_0 个
孤立的节点，n_0 按 BA 模型逐渐增加节点 n 个，新增一个度
为 m（$m \leqslant n_0$）的企业节点，并将这 m 条边联接到已经存
在的 m 个不同的企业节点上，即每个企业节点以 m（$m \leqslant n_0$）条新边与已存在的网络节点按择优联接原则联接，从而
形成一个不断增长的企业网络。

（2）在以上 $n_0 + n$ 个节点和 $n_0 + mn$ 条边的网络基础
上，每个时间间隔循环执行以下过程：

第一，在已有的企业网络节点数保持不变的情况下，
按以下的规则在网络中加入 q_1 条边：①随机选取每条新边
的一端，②按节点度优先联接原则联接新边的另一端。

第二，引进 q_2 个新企业节点进入网络，每个新节点仍
然按照节点度优先联接原则联接 m 条边。同样的，在整个
企业网络生长的过程中，节点之间不允许自联和重联。执
行 t 个演化时间间隔后，企业网络有 $V_t = n_0 + n + tq_2$ 个节

点，$E_t = m_0 + mn + tmq_2 + tq_1$ 条边。于是，执行 t 次时节点 v_t 随 t 的变化率为

$$\frac{\partial V_t}{\partial t} = q_2 \qquad (6.10)$$

执行 t 次时边数 E_t 随 t 的变化率为

$$\frac{\partial E_t}{\partial t} = mq_2 + q_1 \qquad (6.11)$$

从上述企业网络的生成规则可以看出，当 $q_1 = 0$ 时，所建立的企业网络模型为 BA 模型，这是本模型的一个特例；当 $q_1 \neq 0$ 时，这个模型就是一种在企业网络内部企业节点存在重新联接的情况下，企业网络节点规模不断增大的动态演化网络模型。

在上述 BA 模型中，网络的演化机制还存在着许多与实际网络的演化过程不一致的方面，比如，以确定的时间间隔增加一个企业节点，实际的情况是企业节点的进入是随机的，因此，可以对企业网络的 BA 模型在原有的基础上进行扩展（Jordi et al. ，2002），扩展后的 BA 模型如下：

（1）网络内重新联接。在初始时刻，假定企业网络有 n_0 个孤立的节点，然后以概率 p 增加 m 个新的联接（ $m \leqslant n_0$ ），将这 m 个联接随机地联接到企业网络中已经存在的 m 个不同的企业节点上，即随机地选择两个点，构成一次联接，重复上述过程连续 m 次，即产生 m 次新的联接。

（2）联接偏好。每一个新联接的始点都在企业网络已经存在的节点中均匀地选择，而另一个点 i 则假定以概率 $\prod(k_i)$ 与始点相连，$\prod(k_i)$ 与点 i 的度成正比，即

$$\prod(k_i) = \frac{k_i + 1}{\sum_j (k_j + 1)} \qquad (6.12)$$

（3）断键重联。以概率 q 对 m 条边（$m \leqslant n_o$）进行重新联接，即随机地选择某一节点 i 及一个相应的联接 l_{ij}，然后断开，再以概率 $\{\prod(k_i)_{i=1,\dots,n}\}$ 选择另一个不同的点 k，并产生新的联接 l_{ik}，重复上述过程 m 次。

（4）网络生长。以概率 $1 - p - q$ 增加一个具有 m 个联接的新的企业节点（度数为 m）。这些新的联接将使该新节点以概率 $\{\prod(k_i)_{i=1,\dots,n}\}$ 与 m 个其他的企业节点相连。

一旦网络生长成具有 n 个节点的企业网络就停止该算法。由该算法产生出来的企业网络满足无标度性，即各联接边之间没有关联性，见图 6-2。当 $p = q$ 时，这个具有 n 个企业节点的企业网络的联接分布为

$$P(k) \propto (k + 1)^{-\left(\frac{2m(1-p)+1-2p}{m}+1\right)} \qquad (6.13)$$

当 $k >> 1$ 时，$P(k) \propto k^{-r}$，其中 $\gamma = [2m(1 - p) + 1 - 2p]/(m + 1)$，在这里 n 的最大值为 10^5。

关于企业网络的演化模型，我们还可以进一步地设计使其更贴近实际，比如既有新节点的加入，又有老节点的去除和节点间的重新联接。一些新的企业（节点）会不断地加入到企业网络演化过程中，而一些原来已经存在的，对企业网络发挥一定影响作用的企业可能因为各种原因而退出了企业网络，这种企业的一进一出又带来企业网络中节点间的重新联接。因此，我们可以构建一个具有随机删除与重联接的企业网络演化模型。由于模型的构建与算法

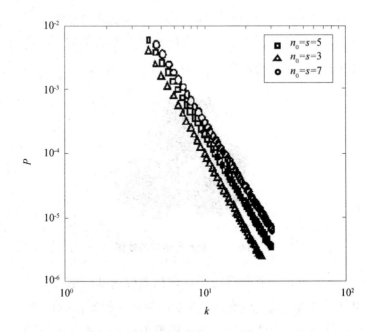

图6-2 基于 BA 扩展模型的企业节点联接度 p 满足幂律分布

与上述演化模型类似，本书就不做具体介绍了，可以参见范如国（2011）的建模分析[①]。

6.2.2 具有社团结构的企业网络演化模型

企业网络是由大量企业节点所构成的复杂经济系统，网络中的节点联接具有差异性，存在一些聚集程度高的企业通过相互之间的联接密切联系在一起，企业节点之间集团化程度较大，形成类似"社团"的网络结构。如图6-3

---

① 范如国：《制度演化及其复杂性》，北京：科学出版社，2011年版，第115页。

所示，企业网络具有社团结构特征，图中的网络包含三个社团，在这些社团内部节点之间的联系非常紧密，而社团之间的联系就稀疏得多。

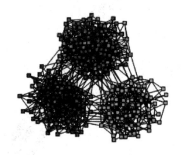

图6-3 企业网络中的社团

现实中，企业网络的涌现往往表现为社团结构，在应用复杂网络的基本理论分析企业网络的一般演化的基础上，我们可以进一步应用网络演化模型来分析具有社团结构的企业网络的演化特征。

依据企业网络中企业节点之间的实际作用方式，以及Chunguang Li 和 Philip K Maini（2005）的研究，给出如下的演化模型：

（1）假定在初始时刻，企业网络中有 M 个社团结构，每个社团中有 $m_0(m_0 > 1)$ 个相连的节点，这样 M 个社团之间共有 $\dfrac{M(M-1)}{2}$ 种联接方式。

（2）在以后的每一个时间间隔中，一个新的节点增加到一个随机选择的社团之中，该新节点将通过 $m(1 \leqslant m \leqslant m_0)$ 种内部联接（inner-community links）方式与该社团中的 m 个节点相连，以概率 a 通过社团之间的联接（inter-community links）与其他 $M-1$ 个社团中的 $n(1 \leqslant n \leqslant m)$ 个节点相连。

（3）择优联接。择优联接表现为，在网络中同一社团中的择优联接与不同社团中的择优联接两种。

内部择优联接（inner-community preferential attachment）。设新加入的节点恰好是与该节点所在的第 j 个社团中的某一节点 i 联接，节点 i 与新节点联接的概率 $\prod(k_i)$ 与节点 i 的度成正比，即

$$\prod(k_{ij}) = \frac{k_{ij}}{\sum_j k_{ij}} \tag{6.14}$$

外部择优联接（inter-community preferential attachment）。新加入的节点恰好是与另一个社团 $k(k \neq j)$ 中的某一节点 i 联接，则节点 i 与该新节点联接的概率 $\prod(k_i)$ 和节点 i 与社团之间的联接度 l_{ik} 成正比，即

$$\prod(l_{ik}) = \frac{l_{ik}}{\sum_{m,n,n \neq j} l_{m,n}} \tag{6.15}$$

这样，经过 t 时间间隔后，便会形成一个有 $N = Mm_0 + t$ 个节点、$[Mm_0(m_0 - 1) + M(M-1)]/2 + tm + [ant]$ 条边的企业网络，$[ant]$ 表示取 ant 乘积的整数。

下面进一步分析依据上述演化模型生成的，具有社团结构的企业网络的特征。根据平均场理论，有

$$\frac{\partial s_{ij}}{\partial t} = \frac{1}{M} m \frac{s_{ij}}{\sum_k s_{kj}} \tag{6.16}$$

其中，$\sum_k s_{kj} = 2mt \dfrac{1}{M} + m_0(m_0 - 1) \approx 2mt \dfrac{1}{M}$，于是有

$$\frac{\partial s_{ij}}{\partial t} \approx \frac{s_{ij}}{2t} \tag{6.17}$$

$$s_{ij} \approx m\left(\frac{t}{t_i}\right)^{0.5}$$

在时刻 t_i，联接度 s_{ij} 小于 k 的概率为

$$P(s_{ij}(t) < k) = P\left(t_i > \frac{m^2 t}{k^2}\right) \tag{6.18}$$

假设等时间间隔地向网络中增加节点，t_i 值的概率密度为

$$P(t_i) = \frac{1}{Mm_0 + t} \tag{6.19}$$

将式（6.19）代入式（6.18），有

$$P(k_i(t) < k) = P\left(t_i > \frac{tm^{\frac{1}{\beta}}}{k^{\frac{1}{\beta}}}\right) = 1 - \frac{tm^{\frac{1}{\beta}}}{k^{\frac{1}{\beta}}(t + m_0)} \tag{6.20}$$

于是，得到度分布为

$$P(k) = \frac{\partial P[k_i(t) < k]}{\partial k} = \frac{2tm^{\frac{1}{\beta}}}{(t + m_0)} \frac{1}{k^{1/\beta+1}} \tag{6.21}$$

将式（6.21）代入式（6.20），有

$$P\left(t_i > \frac{tm^2}{k^2}\right) = 1 - P\left(t_i \leqslant \frac{tm^2}{k^2}\right) = 1 - \frac{tm^2}{k^2(t + Mm_0)} \tag{6.22}$$

$$P(k) = \frac{\partial P[S_{ij}(t) < k]}{\partial k} = \frac{2tm^2}{(t + Mm_0)} k^{-3} \tag{6.23}$$

这意味着社团结构内部度值为 k 的概率 $p(k)$：$k^{-\gamma}$，与 M 和 m 无关（$\gamma = 3$），具有无标度特征。

同理，社团结构之间度值为 k 的概率为

$$P(k) = \frac{2(an)^2 t}{Mm_0 + t} k^{-3} \qquad (6.24)$$

$p(k) : k^{-\gamma}$，与 M 和 m 无关（$\gamma = 3$），也具有无标度特征。

整个企业网络度值为 k 的概率为

$$P(k) = \frac{2(m + an)^2 t}{Mm_0 + t} k^{-3} \qquad (6.25)$$

$p(k) : k^{-\gamma}$，与 M 和 m 无关（$\gamma = 3$），同样具有无标度特征。

上述分析表明，企业网络的演化能够涌现出社团结构，企业网络社团结构内部度分布、社团结构之间度分布及企业网络社团的总体度分布都满足幂率分布，具有无标度性。同时，企业网络的平均路径比较小和聚集系数比较大，表现出明显的小世界网络特征。

第7章　基于企业网络的市场结构分析

　　企业网络的涌现表现出一种相对稳定的功能结构，使得企业网络可以作为一个市场主体参与市场竞争，企业网络的整体行为将对市场结构产生影响，而且这种合力作用下的行为比单独的企业行为对市场具有更大的作用力，表现为企业网络的市场影响力。企业网络的市场影响力在网络正反馈（网络效应）的强化下，表现出不断扩张的趋势，因而，从整个市场来看，企业网络的扩展将形成一股强大的市场势力，使得企业网络作为一个市场主体成为市场垄断的一方，市场结构呈现出具有企业网络垄断的结构。在这样的市场结构中，竞争依然存在，因为网络中的企业（当然也是市场中的企业）仍然是个独立的经济主体，它们要为自己的利益争夺展开竞争。这种竞争表现在企业网络中企业之间的竞争，企业网络中的企业与网络外的企业的竞争，单独企业与某个（或某些）企业网络的竞争，以及新出现的市场主体——企业网络之间的竞争。本书基于企业网络将对市场结构产生影响的判断入手，构建一个基于企业网络的市场结构分析框架，对基于企业网络的垄断和竞争进行分析。

7.1 基于企业网络的垄断分析

7.1.1 企业网络的市场影响力

1. 关于市场影响力

从网络的视角来看，市场是个大网络，企业网络是市场网络中的一个个具有高聚集度的社区，联系越紧密、关联越多表明具有较高的能量，因此对整个网络有比较大的影响力，这种影响力放到市场中就表现为企业网络的市场影响力。

定义7.1 企业网络的市场影响力：是指企业网络作为一个市场主体，在市场结构中所占有的位置及表现出的对市场控制的能力。

企业网络的市场影响力外在地表现为企业网络整体占有较高的市场份额，内在地表现为网络对市场的控制力，企业网络的某个决策和行为，可能对市场有导向作用，对市场的走向和发展有比较大的影响。企业网络能力越强，企业网络对市场的控制力就越大，也就是说企业网络的市场影响力取决于企业网络能力。朱海就（2008）认为，企业网络的组织化程度越高，企业网络能力就越强，并建立数理模型给出了证明。本书认为，企业网络的组织化程度可以用企业网络的联接强度来体现。因此有命题7.1和命题7.2。

命题7.1 企业网络的市场影响力与企业网络能力正

相关。

命题 7.2 企业网络能力与企业网络的组织化程度（联接强度）正相关。

关于以上命题的证明可以参见朱海就（2008）的证明过程和结论[①]，本书不作重复。

2. 市场影响力与市场势力的区别

产业组织理论中用市场势力来表示企业具有对商品价格的影响能力，即指一个经济活动者或经济活动者的一个小集团不适当地影响市场价格的能力。

定义 7.2 市场势力（Market Power）：是指厂商或消费者具有对商品价格决定影响的能力。

市场中普遍地存在市场势力，它会使价格和数量背离供求平衡，促使市场资源配置的低效率或无效率。一个拥有市场势力的企业（或消费者）在经济学理论上被称为"价格的决定者"（黄桂田，2011）。价格决定者可以是生产者，也可以是消费者。生产者对产品价格具有决定性的影响是卖方垄断力（monopoly power），消费者对产品价格具有决定性的影响是买方垄断力（monopsony power）。现实世界中，每个生产者和消费者实际上都具有一定的市场势力。

从产业组织理论关于市场势力的论述可以看出，市场势力主要是从商品价格的角度来衡量的，而本书提出的市场影响力是个更综合的概念，它不只是针对商品的定价权

---

① 参见：朱海就：《企业网络的经济分析——产业区能力差异的解释》，杭州：浙江工商大学出版社，2008 年版，第 72~75 页。

力，而且还包括对技术创新、产品创新、市场分布、市场份额等市场因素的影响控制能力。

7.1.2 企业网络的垄断特征

参与企业网络会直接或间接地导致成员企业的市场份额发生变化，从而影响其所处的市场竞争结构，企业市场份额的变化将最终影响到行业集中度。在产业组织理论中，行业集中度的测量是，将行业内企业按照规模从大到小的原则进行排序，选取排名靠前的几个企业的有关指标数值（例如生产量、销售收入额、资产总额、产业增加值、职工人数等）占整个市场或者行业的份额。假设行业中有 N 家企业，取前 n 家企业计算，X_i 为企业的产量，s_i 为市场份额，用 γ_n 表示行业集中度，则其计算公式为：

$$\gamma_n = \frac{\sum_{i=1}^{n} X_i}{\sum_{i=1}^{N} X_i} = \sum_{i=1}^{n} s_i$$

根据前面分析，我们认为企业网络有利于提高企业的市场份额和行业集中度。下面，我们通过建立数理模型给出证明①。模型分别考虑了企业无联接情况和企业建立联接时对市场份额和行业集中度的影响。

1. 无联接情况下企业的市场份额

设某行业内有 N（$N \geqslant 3$）个企业，市场的需求函数为

————————

① 模型分析参考了：李薇、龙勇：《竞争性战略联盟的合作效应研究》，西安：西安交通大学出版社，2011 年版，第 64~69 页。

$P(Q) = a - Q(a > 0$ 且 $a > c, Q = q_1 + q_2 + \cdots + q_N)$，企业的总成本函数为 $C(q_i) = cq_i$，其中 c 为边际生产成本，$i = 1, 2, \cdots, N$。则每个企业的利润函数为：

$$\max \pi_i(q_1, q_2, \cdots, q_N) = q_i \left(a - \sum_{j=1}^{N} q_j \right) - cq_i \quad (7.1)$$

根据古诺均衡条件，有：

$$\frac{\partial}{\partial q_i} \pi_i(q_1, q_2, \cdots, q_N) = 0 \quad (7.2)$$

即 $\frac{\partial}{\partial q_i} \pi_i(q_1, q_2, \cdots, q_N) = a - \sum_{j=1}^{N} q_j - q_i - c = 0$

$$(7.3)$$

从而得出各企业的均衡产量、市场总产量、利润分别为：

$$q^* = \frac{a - c}{N + 1}, Q^* = \frac{N(a - c)}{N + 1}, \pi_i^* = \left(\frac{a - c}{N + 1} \right)^2 \quad (7.4)$$

进一步地，我们可以计算出企业在无联接情况下的市场份额均为：

$$s_i^* = \frac{q^*}{Q^*} = \frac{1}{N} \quad (7.5)$$

2. 联接情况下企业的市场份额

为了体现企业网络中同时包含竞争与合作这一对矛盾关系，我们假设企业进行的是一个两阶段动态博弈，在博弈的第一阶段企业之间协作生产（建立联接），在博弈的第二阶段企业在市场相互竞争。

设行业中有 N 个企业，并且第一个企业和第二个企业建立联接，而其他企业没有相互联接。我们用 x_1, x_2 分别表示第一个企业和第二个企业在第一阶段合作中的投入，c 和 $\tilde{c}$ 分别表示企业合作前后的边际生产成本，当然，如果企业没进行合作联接其边际生产成本保持不变，都为 c。基于合作效率的原因，可以假设企业合作成功后会降低彼此的边际生产成本，即 c 大于 $\tilde{c}$，且有 $\tilde{c} = c - x_i - \varphi x_j (i,j = 1,2, i \neq j)$，其中 φ 为企业合作在网络中的溢出效应，$\varphi \in [0,1]$。

我们采用动态博弈的逆推法进行求解。首先求解企业在第二阶段博弈的利润函数，则联接的两个企业以及其他 $N-2$ 个企业的利润函数分别为（Hinloopen，2003）：

$$
\left.
\begin{aligned}
\max \pi_1 &= \left(a - \sum_{i=1}^{N} \tilde{q}_i\right)\tilde{q}_1 - (c - x_1 - \varphi x_2)\tilde{q}_1 - x_1 \\
\max \pi_2 &= \left(a - \sum_{i=1}^{N} \tilde{q}_i\right)\tilde{q}_2 - (c - x_2 - \varphi x_1)\tilde{q}_2 - x_2 \\
\max \pi_3 &= \left(a - \sum_{i=1}^{N} \tilde{q}_i\right)\tilde{q}_3 - c\tilde{q}_3 \\
&\cdots \\
\max \pi_N &= \left(a - \sum_{i=1}^{N} \tilde{q}_i\right)\tilde{q}_N - c\tilde{q}_N
\end{aligned}
\right\}
\tag{7.6}
$$

对 $\tilde{q}_1, \tilde{q}_2$ 求导，可以得到第一个企业和第二个企业的反应函数分别为：

$$
\left.
\begin{aligned}
\tilde{q}_1 &= \frac{1}{2}\left(a - c + x_1 + \varphi x_2 - \tilde{q}_2 - \sum_{i=3}^{N} \tilde{q}_i\right) \\
\tilde{q}_2 &= \frac{1}{2}\left(a - c + x_2 + \varphi x_1 - \tilde{q}_1 - \sum_{i=3}^{N} \tilde{q}_i\right)
\end{aligned}
\right\}
\tag{7.7}
$$

同理，可以得到其他 $N-2$ 个企业的反应函数为：

$$q_i^{**} = \frac{a - c - \tilde{q}_1 - \tilde{q}_2}{N - 1} \quad (i = 3, 4, \cdots, N)$$

从而可求出第一个企业和第二个企业的均衡产量分别为：

$$\left.\begin{array}{l} \tilde{q}_1 = \dfrac{a - c + N(x_1 + \varphi x_2) - (x_2 + \varphi x_1)}{N + 1} \\[3mm] \tilde{q}_2 = \dfrac{a - c + N(x_2 + \varphi x_1) - (x_1 + \varphi x_2)}{N + 1} \end{array}\right\} \quad (7.8)$$

在博弈的第一阶段，合作的两个企业对投入进行决策时，其目的是获取最大化的合作利润，即

$$\max(\pi_1 + \pi_2) = \sum_{j=1}^{2} \left[\left(a - \sum_{i=1}^{N} \tilde{q}_i \right) \tilde{q}_j - \tilde{c}_j \tilde{q}_j \right] - x_1^2 - x_2^2$$

$$(7.9)$$

把（7.8）代入（7.9），求解均衡的投入，一阶条件为 $\dfrac{\partial(\pi_1 + \pi_2)}{\partial x_i} = 0 \, (i = 1, 2)$。假设两个企业是对称的，令 $x_1 = x_2 = x^c$，代入一阶条件可以得出：

$$x^c = \frac{(a - c)(N - 1)(1 + \varphi)}{(N + 1)^2 - (N - 1)^2(1 + \varphi)^2} \quad (7.10)$$

因为 $a - c > 0, N \geqslant 3, 0 \leqslant \varphi \leqslant 1$

所以在 x^c 有意义的情况下均存在关系

$$(N + 1)^2 - (N - 1)^2(1 + \varphi)^2 > 0$$

从而可以求得企业最终的均衡产量都为：

$$q_1^{**} = q_2^{**} = \frac{(N + 1)(a - c)}{(N + 1)^2 - (N - 1)^2(1 + \varphi)^2}$$

由上可得出市场均衡总产量为：

$$Q^{**} = q_1^{**} + q_2^{**} + (N-2)\frac{a-c-q_1^{**}-q_2^{**}}{N-1}$$

$$= \frac{a-c}{N-1}\left[\frac{2(N+1)}{(N+1)^2-(N-1)^2(1+\varphi)^2} + N-2\right]$$

并且第一个企业的利润为：

$$\pi_1^{**} = \frac{(a-c)^2}{(N+1)^2-(N-1)^2(1+\varphi)^2}$$

因此

$$\pi_1^{**} - \pi_1^* = \frac{(a-c)^2(N-1)^2(1+\varphi)^2}{(N+1)^2[(N+1)^2-(N-1)^2(1+\varphi)^2]} > 0$$

即企业联接后的利润大于没有联接时的利润，可见企业通过建立联接可以获得更多的利润。

而且，联接后两个企业的市场份额变为：

$$s_1^{**} = s_2^{**}$$

$$= \frac{q_i^{**}}{Q^{**}}$$

$$= \frac{(N+1)(N-1)}{2(N+1)+(N-2)[(N+1)^2-(N-1)^2(1+\varphi)^2]}$$

3. 企业联接对市场结构的影响分析

企业联接与无联接相比，第一个企业在市场份额方面的差异为：

$$s_1^{**} - s_1^*$$

$$= \frac{(N-2)(N-1)^2(1+\varphi)^2}{N\{2(N+1)+(N-2)[(N+1)^2-(N-1)^2(1+\varphi)^2]\}}$$

(7.11)

根据 $\gamma_n = \dfrac{\sum\limits_{i=1}^{n} X_i}{\sum\limits_{i=1}^{n} X_i} = \sum\limits_{i=1}^{n} s_i$，用 γ_n^{**} 表示企业联接后的市

场集中度水平，则有 $\dfrac{\partial \gamma_n^{**}}{\partial s_i^{**}} > 0$。由（7.11）可知 $s_1^{**} - s_1^{*} > 0$，同理有 $s_2^{**} - s_2^{*} > 0$。用 γ_n^{*} 表示无企业联接的市场集中度水平，当 $s_1^{**} - s_1^{*} > 0$、$s_2^{**} - s_2^{*} > 0$ 时，有 $\gamma_n^{**} > \gamma_n^{*}$，即企业建立联接能够提高行业集中度水平。由此可以得出命题7.3。

命题7.3 企业间建立网络联接，有助于提高行业的集中度水平。

4. 联接强度对市场结构的影响分析

假设联接强度可以用连续变量 l 来表示，其中 $0 < l \leqslant 1$，则可以建立联接强度 l 的函数 φ（即 $\varphi = \varphi(l)$），并且 $\dfrac{\partial \varphi}{\partial l} > 0$。即 l 随着联接强度的增加而增大。

我们的目的是求解集中度水平与联接强度 l 之间的函数关系。

首先对 s_1^{**} 求关于 φ 的偏导数：

$$\dfrac{\partial s_1^{**}}{\partial \varphi}$$

$$= \dfrac{2(N+1)(N-1)^3(N-2)(1+\varphi)}{\{2(N+1) + (N-2)[(N+1)^2 - (N-1)^2(1+\varphi)^2]\}^2} \tag{7.12}$$

显然 $\dfrac{\partial s_1^{**}}{\partial \varphi} > 0$

所以 $\dfrac{\partial s_1^{**}}{\partial l} = \dfrac{\partial s_1^{**}}{\partial \varphi} \dfrac{\partial \varphi}{\partial l} > 0$

又因为 $\dfrac{\partial \gamma_n^{**}}{\partial s_i^{**}} > 0$

所以 $\dfrac{\partial \gamma_n^{**}}{\partial l} = \dfrac{\partial \gamma_n^{**}}{\partial s_1^{**}} \dfrac{\partial s_1^{**}}{\partial l} > 0$

可见行业集中度随着联接强度的增大而变大，进而可得企业联接越多市场集中度增长的趋势 $\Delta\gamma = \gamma^{**} - \gamma^{*}$ 也越大。从而可以得出命题7.4。

命题7.4 行业集中度的增长速度与企业网络的联接强度之间存在正相关关系。

以上分析表明，企业之间相互联接，能够提高企业的市场份额，从而提高行业的集中度，而当企业网络形成时，行业集中度具有累加效应，企业网络的整体市场份额占比会更加高，市场越趋向集中，表现为企业网络的市场垄断特征。

7.1.3 企业网络的垄断成因

1. 网络效应与垄断

网络效应是网络经济学研究的一个重要概念，网络经济学认为，网络可分为直接网络、间接网络和双边网络，它们具有的基本属性是网络效应。从网络科学的角度来看，网络效应体现为网络的一个基本特征：联接到一个网络的价值取决于已经联接到该网络的其他人的数量，因此联接到一个较大的网络要优于联接到一个较小的网络。由此可知，网络效应将发生一种正反馈机制：强者更强，弱者更弱。

企业网络作为一个由企业节点和联接关系构成的网络，同样具有网络效应，这种网络效应表现为企业更愿意选择加入到企业节点数量较多的企业网络，由此产生正反馈的效果，使得成功的企业网络更加成功，并可能出现赢着通吃的局面，表现在市场上就是企业网络越来越成为市场的垄断方，对市场的控制力越来越强。

2. 锁定效应与垄断

锁定效应是网络经济学的另一重要概念，指的是某一商品或服务的使用者换用替代产品需要付出的代价，这种代价表现为存在转移成本，包括新产品的搜索成本和学习成本等。例如，某计算机用户原先习惯于 WINDOWS 操作系统，如果他决定改用 UNIX 操作系统，那么他就得重新花大气力学习 UNIX 操作系统的应用方法。因此，用户一般不太愿意更改熟悉的产品，也就是不愿意转移，会倾向于锁定在原来选择的产品上。此外，转移成本还可能来自于社会通用的产品对转移行为的限制。表 7 - 1 总结了锁定和相关转移成本的类型（Shapiro，C. & Varian，H. R.，1996）。

表 7 - 1　锁定和相关转移成本的类型

锁定的类型	转移成本
合同义务	补偿或毁约损失。
耐用品的购买	设备更换，随着耐用品的老化而降低。
针对特定品牌的培训	学习新系统，既包括直接成本，也包括生产率的损失；随着时间而上升。

锁定的类型	转移成本
信息和数据库	把数据转换为新格式，随着数据的积累上升。
专门供应商	支持新供应商的资金；如果功能很难得到维持，会随时间而上升。
搜索成本	购买者和销售者共同的成本，包括对替代品质量的认知。
忠诚顾客计划	在现有供应商处失去任何利益，再加上可能的重新积累使用的需要。

资料来源：（美）卡尔·夏皮罗、哈尔·瓦里安著，张帆译：《信息规则——网络经济的策略指导》，北京：中国人民大学出版社，2000 年版，第 103 页。

除了消费者受制于转移成本外，企业同样也面临着锁定。任何对特定的供应商、顾问或合作伙伴进行专门投资的人（企业）在这些投资的经济生命周期内部都受制于锁定（卡尔·夏皮罗、哈尔·瓦里安，2000）。

在企业网络中同样存在着锁定效应，企业之间的联接由于受契约约束、关系约束、产权约束等限制性因素，要解除联接关系也要面临着转移成本，因此企业之间的合作存在路径依赖，企业一般都会沿着原有的联接关系不断演进，倾向于锁定在原有的网络中。因此，由于锁定效应，企业网络不易衰败，而在网络效应的作用下，企业网络有不断增长的趋势，由此巩固了企业网络的垄断地位。

7.2　基于企业网络的竞争分析

随着经济网络化的发展和企业网络的涌现，现代市场结构和企业组织运行方式发生了巨大变化。20 世纪 80 年代以来，企业网络涉及的范围越来越广泛和深入，使得对于产业组织的分析需要一种新的视角，特别是用企业网络的视角来分析市场中的竞争行为。

基于企业网络的竞争，是一种企业建立在合作中的新型的竞争模式。市场中产生了一种"群体竞争"（B. Gomes-Casseres，1996），企业网络以共同的目标利益结成企业群体（constellations），在内部构成了联盟关系，它们联手与外部的企业或企业群体展开竞争。企业网络强化了市场竞争，并使得竞争更加多样化，表现为企业网络中企业之间的竞争、企业网络中的企业与外部企业的竞争、企业网络之间的竞争，以及企业网络与单个企业之间的竞争等多种竞争类型。

7.2.1　企业网络中企业之间的竞争

在企业网络理论的传统中，很多学者重视企业在网络中的行为（Dyer，1996；Uzzi，1999；Anderson、Narus，1995；Hakansson、Snehota，1995）。在解析企业网络行为时，Birkinshaw 和 Hagstrom 认为合作是企业在嵌入结构中的最基本最重要的行为模式，关系只有在合作过程中才能将资源、活动以及行为者纽带嵌入，从而最大限度地发挥它们的最大价值。从博弈论来看，企业的合作行为是在企业重复博弈中的理性选择。企业在共同创造最大利益后还要有一个利益分配的博弈过程，即为保障个体获取网络收益进行竞争。因此，企业网络中的企业在合作的基础上展开竞争，这种竞争表现在企业为了争夺更好的"网络位"以保证获取更多的利益分享。此外，存在着一些企业在一种产品或服务上进行合作，而在其他产品或服务上又展开激烈竞争的情况。例如，在汽车行业，一汽大众和上海大众在产品研发方面和对外宣传服务上展开合作，共同打造大众品牌形象，而在一些产品上，比如分属一汽大众和上海大众的全新宝来与全新桑塔纳在市场销售上又是相互竞争的。

企业网络中企业之间的竞争可以从产业区内企业之间的竞争得到证明。在产业区内，许多供货商聚集在同一区域可以吸引更多的购买者来选择合意商品，从而扩大整个网络的利润总额。购买者衡量商品的标准有价格、质量、配送体系、客户定制和服务的状况，这些因素中的每一个都可能成为企业建立竞争优势的机会。在每一个区域，企业都以十分激烈的方式进行竞争。产业区内信息是透明的，信息的快速传播使得企业之间了解和衡量各自的战略和盈利水平成为可能，企业之间所使用的各种策略是清楚的、可以理解和模仿的。因此，产业区内的企业竞争是十分激烈的，每个企业都在确定自己的优势并且吸收其他企业成功经验以增强其市场地位。透明的市场、显著的信息扩散和新企业及现有企业可以轻易地进入市场，使得产业区内企业处于一个类似完全竞争市场。

在企业网络环境下，企业面临着更多的竞争难题：如何适应和利用技术创新的快速发展；如何适应变幻复杂的经济环境进行组织创新、管理创新、文化创新；如何构建企业网络关系以实现组织学习和资源整合；如何争取在网络中的有利位置以获取最大的利益；如何维护企业内部网络和外部网络的协调与统一，以实现企业的良性发展。

企业网络对于企业市场竞争的影响主要表现在两个方面：一是参与竞争的单位由原来的企业组织转变为企业网络，而企业的竞争优势也建立在所选择的企业网络之上，因为优秀的合作伙伴可以为企业带来关键资源或市场份额，这直接提高了企业的竞争能力；二是企业组织之间的合作改变了企业的市场行为，企业网络的扩散产生了新的市场环境，即企业网络本身成了市场环境的一部分。而且，由于企业网络的运行，出现了一种企业的合作式竞争。合作竞争是企业之间在市场中的一种博弈关系，与传统的合作或竞争存在着区别，在市场博弈中，合作是为了竞争，合作成了竞争的一种手段。合作竞争强调必要的妥协与合作有助于企业提升竞争力，企业为了保持自身的竞争优势，会在市场竞争中寻找一切合作机会，从而企业之间会建立起互利互惠的合作竞争关系；通过企业之间联合，成员企业可以获得比单独面对市场更大的市场竞争能力，进而企业在合作过程中具有强化竞争的作用。与传统的对抗竞争相比，合作竞争具有更高层次、全方位和多赢等特点（彭本红，2011）。

从企业网络的竞争结果来看，那些具有较高联接度的企业将吸收更多的资源，占有较高的市场份额，分享到更多的网络利益，获取更高的利润。因此有命题 7.5。

命题 7.5 具有更高联接度的企业的市场份额更高，因此赚取更高的利润。

根据命题7.5，我们知道企业的联接度越高获利越多，而网络中的利益总额是相对稳定的，因此企业联接度的变化会影响网络中企业的利益格局。于是有命题7.6。

　　命题7.6 一家企业的总回报和边际回报都随着自身关联递增，但是随着其他企业关联递减。

　　下面我们通过建立数理模型（基于 Goyal and Joshi，2003）对命题进行证明①。在这个模型里，企业之间建立协作关联（联接），旨在改进它们在市场上的竞争地位。两家企业间的关联将降低协作双方的生产成本（但是对于其他企业的成本没有效应）。每个协作关联都要求一个固定数量的投资。因此，一个协作关联组合，与行业内不同企业的成本组合存在对应关系。给定这些成本，企业在市场上通过选择产量进行竞争。模型的意义在于理解市场竞争如何影响企业希望建立协作联盟的动因，以及这些联盟如何决定企业的竞争地位，从而影响市场结果。

　　模型分两个阶段。在第一阶段，n 家企业参与一个双向联接形成的博弈。每家企业宣布它希望与之建立关联的企业集合 $s_i = (s_{i1}, s_{i2}, \cdots, s_{in})$。宣布的所有关联的集族定义了一个（无向的）网络 $g(s)$。以 $N_i(g)$ 为企业 i 在网络 g 里所有的协作伙伴，而定义 $\eta_i(g) = |N_i(g)|$。

　　在这里，我们需要解释下企业协作（联接）的本质。一个基本的假定是协作关联将降低生产成本。企业产品有

---

　　① 建模证明参考了：（英）桑吉夫·戈伊尔著，吴谦立译：《社会关系：网络经济学导论》，北京大学出版社，2010 年版，第278—280 页。

$K > n$ 个组成部分，我们将假设所有企业使用相同的 k 个部件。以企业 i 的部件 k 的成本为 $c_{i,k}$。企业 i 生产的边际成本为 $c_i = \sum_{k=1}^{k} c_{i,k}$。部件成本 $c_{i,l}$ 可以采用的价值为 c^H 或者 c^L，而 $c^H > c^L$。假设对于每家企业 i，存在且仅存在一个 $\hat{k}$，使得 $c_{i,k} = c^L$。而且，假定对于所有其他的企业 $j \neq i, c_{j,k} = c^H$。那么，可以得知如果两家企业建立一个协作关联，它们双方的成本都可以降低 $c^H - c^L$。定义 $\gamma = c^H - c^L$。

因此，网络 g 对应着 n 家企业的边际成本组合，$c(g) = (c_1(g), c_2(g), \cdots, c_n(g))$。从上面的讨论，可以得知企业 i 的边际成本是一个线性函数，并且随其他企业的协作关联数目而递减：

$$c_i(g) = \gamma_0 - \gamma\eta_i(g), \quad i \in \mathbf{N} \qquad (7.13)$$

这里 $\gamma_0 > 0$ 是一个正参数，代表一家企业在没有关联的时候，它的边际成本，而 $\gamma > 0$ 为建立一个关联后降低的成本数目。因此，在这个正式表达式里，每个关联降低的成本是外生的，而且是固定的。

第二阶段，企业在市场上通过选择产量来竞争。假定企业面对一个逆向的线性函数 $P = \alpha - Q$，这里 P 是价格，而 Q 为所有企业生产的总产量。定义 $L(g_{-i}) = \sum_{j \in \mathbf{N}} \eta_j(g) - 2\eta_i(g)$。对于网络 g，企业 i 的库诺均衡产量可以写为：

$$q_i(g) = \frac{(\alpha - \gamma_0) + (n - 1)\gamma\eta_i(g) - \gamma L(g_{-i})}{n + 1}, \quad i \in \mathbf{N}$$

$$(7.14)$$

我们可以证明网络 g 里企业 i 的库诺利润为 $q_i^2(g)$。

假设每个关联都存在一个固定成本 $c > 0$。现在，我们可以按照以下方式写下网络 g 里企业 i 的净收益：

$$\Pi_i(g) = \left[\frac{(\alpha - \gamma_0) + (n-1)\gamma\eta_i(g) - \gamma L(g_{-i})}{n+1} \right]^2 - \eta_i(g)c$$

$$(7.15)$$

建立协作关联的动因与企业改善它们在市场上竞争地位的企图紧密相关。我们首先从企业 i 和 j 之间的协作关联对于其他企业利润的效应着手。由（7.15），可以得知：一家企业的产量以及利润随着其他企业的关联而递减。现在，我们转向其他企业的协作关联对于一家企业从额外关联获得的边际回报的效应。给定网络 g，从一个额外关联 g_{ij} 获得的边际（总）回报为

$$\frac{(n-1)\gamma}{(n+1)^2} [\lambda(n) + 2(n-1)\gamma\eta_i(g) - 2\gamma L(g_{-i})]$$

$$(7.16)$$

这里 $\lambda(n) = 2(\alpha - \gamma_0) + (n-1)\gamma$。根据以上分析可以证实：从一个额外关联的边际（总）回报随着自身关联数目 $\eta_i(g)$ 递增，随着其他企业的关联数目 $L(g_{-i})$ 递减。

7.2.2 企业网络中的企业与外部企业之间的竞争

在研究企业网络时，很多学者比较关注的方面是对企业行为的研究，其中包括企业如何对待外部企业（潜在进入企业网络的企业）的行为倾向研究。他们认为网络中的企业对于新成员的接纳具有选择性，比较排斥与已有网络

成员同质类型的企业（Powell、Koput、Smith-Doerr，1996；Walter、Achim，1999）。Hakansson 和 Johanson（1993）认为企业对于共同网络内部的企业倾向于采取合作态度，而网络成员在对待外部企业时则主要倾向于选择性交易，并较有可能采取排斥与自己相似的企业进入网络内部的行为（黄洁、刘清华，2012）。

从相关研究来看，企业网络中的企业与外部企业之间的竞争是比较激烈的。一方是网络的既得利益者，另一方是为了争夺网络利益而伺机进入者，它们可能要展开正面的竞争。从这个角度来看，企业网络处于"可竞争性市场"之中，网络内的企业时刻面临着内部竞争与外部竞争，随时都有可能被淘汰的危险，从而逼着自己不断地提升企业核心竞争力，以保持在网络中和市场中的竞争地位和持续优势。竞争的结果是有利于保证网络中的企业具有较强的市场竞争力，从而提升企业网络的整体优势。

7.2.3 企业网络与企业网络之间的竞争

大多数网络都与一个更大的网络集合相互依存和相互作用，即处于相互作用的多网络空间。许多网络存在竞争和合作关系。例如，社会网络与电信、经济、运输等网络之间就有相互作用。每一个网络都要首先用近似方法描述其自身如何影响其他网络的资源交换、存储、转变，同时利用适当的近似方法描述其他网络如何影响其自身。对于企业网络的研究，同样存在网络之间的合作竞争。

信息技术的发展推动着产业分化，并掀起了企业组织的垂直分离浪潮，出现了"小众型"企业，大量的小企业并不是简单的自由竞争关系，而是基于服务共同的最终产品生产而形成企业合作联接的协同关系，从而构建了以关键企业为核心的开放的企业网络系统，这种企业网络扮演着大型供应商的角色，充分利用网络规模经济效应、范围经济效应和速度经济效应，展开市场竞争。从而，企业网络之间的竞争便成了市场竞争的一种新态势。

企业网络之间的竞争主要出现在网络的最终产品在需求方市场具有相似性或替代性而出现的争夺最终客户的竞争。因此，我们有以下几个命题①。

命题7.7 两个企业网络同构程度越高，彼此竞争就越激烈。

命题7.8 两个企业网络的作用区域重叠越多，彼此竞争就越激烈。

命题7.9 两个企业网络之间的竞争是完全博弈式的竞争。

分析企业网络之间的竞争时，有以下几种情况：

1. 当两个企业网络的主导企业是同一个产业同一个子产业时。

2. 当两个企业网络的主导企业是同一个产业不同一个子产业时。

3. 当两个企业网络的主导企业不是同一个产业时。

---

① 本部分内容的论述参考了：徐志坚：《多企业组织结构分析与竞合策略》，南京大学出版社，2011 年版，第 205—207 页。

首先，我们对网络竞争的几种类型进行定义。

定义 7.3 完全差别竞争：是指主导企业处于不同的产业或子产业的两个企业网络之间的完全博弈式竞争。

定义 7.4 同构竞争：是指两个完全同构的企业网络之间的竞争。

定义 7.5 有差别竞争：是指非同构竞争的其他竞争方式。

假设市场中存在两个企业网络在某个最终产品竞争领域竞争，由于是最终产品，在产品相同、相似或可相互替代的情况下，按照传统经济学的分析，完全是相互竞争的。如果一个企业网络是一个生产该类产品的产业链（网），那么，在一个组织中，它们的利益是共同的，也就是将最终产品更多地占领市场，产品品牌在市场上占有主要地位，在这里，我们假设在争夺最终产品的市场上，企业网络的决策行为形同一个企业，存在同一决策模型在发挥作用。

在企业网络之间的竞争中，企业网络可采取的策略为"补拙"或"增强"（徐志坚，2011）。前者为加强网络自身的组织建设，如产业链重组，增强产业链的服务功能等，在一定程度上是被动策略。后者则是进攻策略，主张利用网络现有的优势，攻击或打败竞争对手。如果企业网络之间的竞争采取的是"补拙"策略，则必然是从维持现有的企业网络的存在与稳定现有网络的运行出发，因为"补拙"是保持稳定的最佳决策。

但从差别竞争的角度，采取"增强"策略是更好的竞争策略，因为企业网络可以在市场的不同区域、产业链的不同环节、产品的不同的组件等方面采取差异化竞争策略，发挥自身的市场优势、资源优势和技术优势，抢占对方薄弱的环节。然后在各占优势的情况下，进行博弈，或者通过谈判来探求合作的可能。对于企业网络中的主导企业来说，"增强"策略也是有利策略，因为，主导企业通常是企业网络中的强势企业，"增强"策略有利于主导企业的自身发展，但原有企业网络就有面临崩溃的可能。

从双方的收益来看，可以分为崩溃、稳定与胜利三种可能，如果 A 企业网络采取增强策略，B 企业网络也采取增强策略，即都想在自身优势、对方劣势之处进一步扩大自身的优势，攻击对方的劣势，那么就会出现双败的结局，最终的结局为 A 企业网络与 B 企业网络双双崩溃。如果 A 企业网络采取补拙策略，B 企业网络采取增强策略，由于 B 企业网络有较大的优势，即使 A 企业网络加强弥补的进程，但可能无济于事，最终以 A 企业网络崩溃 B 企业网络胜利为结束。相反，如果 A 企业网络采取增强策略，B 企业网络采取补拙策略，由于 A 企业网络有较大的优势，即使 B 企业网络加强弥补的进程，仍可能无济于事，最终以 A 企业网络胜利 B 企业网络崩溃为结局。如果 A 企业网络采取补拙策略，B 企业网络也采取补拙策略，由于双方都采取被动的自强政策，因此，局势保持稳定，A 企业网络与 B 企业网络都取得了稳定的结局。企业网络竞争的博弈矩阵如图 7 - 1 所示。

图 7 - 1　企业网络的博弈

		B 企业网络	
		增强	补拙
A 企业网络	增强	（崩溃、崩溃）	（胜利、崩溃）
	补拙	（崩溃、胜利）	（稳定、稳定）

如果我们将崩溃、稳定与胜利三种可能分别用数值 -1，1，2 来表示，那么博弈矩阵可描述为图 7 - 2。

图 7 - 2　企业网络博弈的数据描述

		B 企业网络	
		增强	补拙
A 企业网络	增强	（ -1、 -1）	（2、 -1）
	补拙	（ -1、2）	（1、1）

7.2.4　企业网络与企业的竞争

市场竞争的落脚点是产品竞争，而产品的背后是厂家之间的竞争，在基于服务共同的最终产品而构建的企业网络出现后，产品竞争的背后可能演变为企业网络与单个企业的竞争。比如在电脑产品上，戴尔电脑是由许多电脑组件的供应商联合提供的，它们构成一个居于戴尔电脑产品的企业网络，而同样是电脑的生产，联想更多的是依靠企业自身的生产能力，因此，为了争夺电脑产品的市场，戴尔供应商网络与联想公司就构成了一种企业网络与企业竞争的市场模式。

第8章 结论与展望

8.1 主要结论

本书在系统梳理产业组织理论、复杂系统理论和社会网络理论的基础上，从网络科学的视角对企业网络进行研究，建立一个网络科学范式的企业网络研究框架，并进一步研究了企业网络对市场结构和市场竞争的影响。基于网络科学范式的企业网络研究是对传统的产业组织理论、新制度学派中间性组织理论和非网络分析范式的企业网络理论的较大突破和超越，具有重大的理论创新价值。本书的研究得出了以下基本结论。

1. 企业网络具有复杂系统的主要特征，是一个复杂系统，企业网络的复杂性表现在联接复杂性、结构复杂性、动态性、自组织性、自相似性、演化复杂性等特点上。此外，企业网络还具有层次性、嵌入性、外部性、锁定性、多属性等网络属性。

2. 企业网络是在企业个体理性选择的过程中涌现出的一个结果，企业网络的宏观特征具有不可预估性。在企业之间非线性的相互作用下，企业网络的拓扑结构往往表现为具有小世界性质和无标度性质。

3. 企业网络的边界是可以确定的，可以从联接强度、联接频率、多企业节点、动态稳定性四个维度来确定企业网络边界。企业网络是个不断演进的概念，根据不同的划分标准可以对企业网络进行多种分类。比如，按网络中企业的地位不同分为盟主式、联盟式、联邦式企业网络，按网络的拓扑结构划分有完整网络、星型网络、环型网络，等等。

4. 企业间的联接是企业网络形成的关键，企业可以通过契约联接、产权联接、关系联接、聚集联接、模块化联接、互联网联接等方式建立合作关系，相应地，企业网络类型有战略联盟、虚拟企业、外包网络、特许经营网络、企业集团、企业集群、模块化网络、电商网络等。

5. 企业网络随着时间不断地动态演化，在遵循择优联接的原则下，网络具有不断增长的趋势，表现出复杂的拓扑结构，许多复杂网络演化模型可以对企业网络的演化进行模拟研究。企业网络的演化能够涌现出社团结构，并具有小世界性。

6. 企业网络具有较强的市场影响力，在网络联接效应的作用下表现出垄断的特征，网络效应和锁定效应强化了企业网络的垄断地位。

7. 企业网络的出现改变了传统的竞争模式，呈现出一种基于企业网络的合作竞争模式，同时企业网络强化了市场竞争，并使得竞争更加多样化，表现为企业网络中企业之间的竞争、企业网络中的企业与外部企业的竞争、企业网络之间的竞争，以及企业网络与单个企业之间的竞争等多种竞争类型。

8. 基于企业网络的市场结构分析突破了传统的产业组织理论对于单个企业的垄断竞争的分析，从而使得政府、学界和企业界对于市场垄断要有新的认识和应对，进一步地，产业组织理论的企业行为策略、政府规制和反垄断等理论都将因企业网络的发展而创新发展。

8.2 研究展望

关于企业网络的研究还没有形成一个统一的理论框架（体系），本书试图从网络科学（跨学科）的视角对企业网络进行研究，虽然得出一些新的理论观点，但关于企业网络的研究尚有很多可挖掘的理论领域，需要更多的学者参与其中，笔者认为以下几个方面的问题值得进一步探索。

1. 企业网络的扩散问题。

既然企业网络遵循网络科学的基本属性规律，那么它同样存在网络信息的传播扩散问题，可以借鉴网络科学的传染病模型等网络动力学机制对企业网络的扩散问题进行研究。

2. 企业网络与政府规制问题

我们在本书研究了企业网络的垄断特征，而垄断与政府规制是一个相伴生的问题，因此可能存在政府对企业网络的规制问题研究。然而由于企业网络并没有一个代表整个网络整体的法律意义上的独立主体，这使得政府的规制缺乏相应的作用主体，政府是否需要对企业网络进行规制，以及如何规制将是一个需要探讨的问题。

3. 企业网络的绩效问题。

企业网络是一种新的组织形态，那么它应该也是在产业组织理论的框架下运行，而产业组织的研究必然要研究组织绩效问题，因此关于企业网络的绩效是进一步要讨论的问题。

4. 企业网络与产业融合问题。

如果某企业网络是作为某一产业存在的，而又共同从事内容相同的多元化经营，那么就出现了产业融合。企业网络的发展促进了产业融合的演进，而关于产业融合的发生机制等理论问题有待于进一步探讨。

5. 对于企业网络中企业联接关系的统计测量。

对企业联接关系的统计测量是具有相当难度与理论重要性的问题，需要学者更多的努力。

参考文献

［1］阿尔钦、德姆赛茨，"生产、信息成本和经济组织"，载盛洪，《现代制度经济学》（上卷），北京，北京大学出版社，2003。

［2］（美）安德森著，蒋旭峰、冯斌等译，《免费——商业的未来》，北京，中信出版社，2009。

［3］安娜·格兰多里主编，刘刚等译，《企业网络：组织和产业竞争力》，北京，中国人民大学出版社，2005。

［4］奥兹·谢伊著，张磊等译，《网络产业经济学》，上海，上海财经大学出版社，2002。

［5］（美）巴拉巴西著，徐彬译，《链接：网络新科学》，长沙，湖南科技出版社，2007。

［6］巴泽尔，《产权的经济分析》，上海，上海三联出版社，上海人民出版社，1997。

［7］曹虹剑，"网络经济时代模块化组织运行与治理机制研究"，《湖南大学博士论文》，2008。

［8］曹虹剑，《网络经济时代模块化组织治理机制研究》，北京，经济科学出版社，2010。

［9］陈硕颖，《资本主义新兴生产组织方式：模块化生

产网络研究》，北京，中国社会出版社，2011。

[10] 陈学光、徐金发，"网络组织及其惯例的形成：基于演化论的视角"，《中国工业经济》，2006 年第 4 期。

[11] 陈学光，《企业网络能力——网络能力、创新网络及创新绩效关系研究》，北京，经济管理出版社，2008。

[12] 陈郁，《企业制度与市场组织：交易费用经济学文选》，上海，格致出版社，2006。

[13] 程家健，"'新竞争'组织形态——企业网络组织的几个问题"，《求实》，2004 年第 12 期。

[14] 程学旗、沈华伟，"复杂网络的社区结构"，《复杂系统与复杂性科学》，2011 年第 3 期。

[15] 崔爱香、傅彦、尚明生、陈端兵、周涛，"复杂网络局部结构的涌现：共同邻居驱动网络演化"，《物理学报》，2011 年第 3 期。

[16] 崔霞、李耀东，"复杂网络与一类开放的复杂巨系统的探讨"，《复杂系统与复杂性科学》，2004 年第 1 期。

[17] 戴汝为，"21 世纪组织管理途径的探讨"，《管理科学学报》，1999 年第 1 期。

[18] 狄增如，"系统科学视角下的复杂网络研究"，《上海理工大学学报》，2011 年第 2 期。

[19] 樊超、郭进利、韩筱璞、汪秉宏，"人类行为动力学研究综述"，《复杂系统与复杂性科学》，2011 年第 6 期。

[20] 范如国，《制度演化及其复杂性》，北京，科学出版社，2011。

［21］范如国、黄本笑，"复杂经济系统的非均衡分形特征研究"，《经济学动态》，2002 年第 6 期。

［22］范如国、许烨，"基于复杂网络的产业集群演化及其治理研究"，《技术经济》，2008 年第 9 期。

［23］范如国、李星，"企业集群网络中的主体决策行为及影响指数分析"，《科学决策》，2009 年第 4 期。

［24］范如国、李星、黄本笑，"基于小世界和连接成本的制度网络演化分析"，《系统工程学报》，2010 年第 12 期。

［25］方爱丽、赵继军，"复杂网络：结构和动力学"，《复杂系统与复杂性科学》，2007 年第 3 期。

［26］方锦清、汪小帆、郑志刚，"网络科学的理论模型及其应用课题研究的若干进展"，《复杂系统与复杂性科学》，2008 年第 12 期。

［27］（美）弗鲁博顿（Furubotn，E. G.）、（德）芮切特（Richter，R.）著，姜建强、罗长远译，《新制度经济学：一个交易费用分析范式》，上海，上海人民出版社，2006。

［28］顾丽英，《企业网络组织及行为模式变革研究》，上海，上海社会科学院，2005。

［29］顾乃华、朱卫平，"府际关系、关系产权与经济效率：一个解释我国全要素生产率演进的新视角"，《中国工业经济》，2011 年第 2 期。

［30］郭劲光，《企业网络的经济社会学研究》，北京，中国社会科学出版社，2008。

［31］郭水文、肖文静，"网络效应的作用机制研究"，

《经济评论》，2011 年第 7 期。

［32］郭毅、罗家德，《社会资本与管理学》，上海，华东理工大学出版社，2007。

［33］哈耶克，《个人主义与经济秩序》（中译本），上海，北京经济学院出版社，1989。

［34］韩小明，"从工业经济到知识经济：我国发展高新技术产业的技术选择"，《中国人民大学学报》，2000 年第 3 期。

［35］韩小明，"对于产业融合问题的理论研究"，《教学与研究》，2006 年第 6 期。

［36］何大韧、刘宗华、汪秉宏编著，《复杂系统与复杂网络》，北京，高等教育出版社，2009。

［37］（荷）亨利·W. 狄雍、（美）威廉·G. 谢泼德主编，蒲艳、张志奇译，《产业组织理论先驱——竞争与垄断理论形成和发展的轨迹》，北京，经济科学出版社，2010。

［38］郝斌、任浩，"企业间领导力：一种理解联盟企业行为与战略的新视角"，《中国工业经济》，2011 年第 3 期。

［39］洪振挺，"社会资本对货币政策传导机制的影响"，《中国市场》，2011 年第 10 期。

［40］洪振挺，"基于复杂网络的城市创新扩散模型研究"，《求索》，2012 年第 6 期。

［41］侯光明、艾凤义，"基于混合溢出的双寡头横向R&D 合作"，《管理工程学报》，2006 年第 4 期。

［42］胡海青、张宝建、张道宏，"网络能力、网络位

置与创业绩效"，《管理工程学报》，2011 年第 4 期。

　　［43］胡欣悦，《任务导向虚拟企业构建及运营管理》，北京，科学出版社，2011。

　　［44］黄桂田，《产业组织理论》，北京，北京大学出版社，2012。

　　［45］黄海云、陈莉平，"嵌入社会网络的企业集群结构及其优势"，《现代管理科学》，2005 年第 5 期。

　　［46］黄玮强，"基于复杂社会网络的创新扩散研究"，《东北大学博士论文》，2008。

　　［47］黄玮强、庄新田，《复杂社会网络视角下的创新合作与创新扩散》，北京，中国经济出版社，2012。

　　［48］黄玉杰，《关系契约视角下的联盟治理结构及其绩效研究》，北京，经济管理出版社，2012。

　　［49］贾根良，"网络组织：超越市场与企业两分法"，《经济社会体制比较》，1998 年第 4 期。

　　［50］纪雪洪、王维，"模块化研究综述"，《当代经济管理》，2006 年第 6 期。

　　［51］杰克逊著，柳茂森译，《社会与经济网络》，北京，中国人民大学出版社，2011。

　　［52］景秀艳，《生产网络、网络权力与企业空间行为》，北京，中国经济出版社，2008。

　　［53］（美）卡尔·夏皮罗、哈尔·瓦里安著，张帆译，《信息规则——网络经济的策略指导》，北京，中国人民大学出版社，2000。

　　［54］卡斯特、罗森茨维奇，《组织与管理》，北京，中

国社会科学出版社，2000。

［55］（美）卡斯特（Castells，M.）主编，周凯译，《网络社会》，北京，社会科学文献出版社，2009。

［56］科斯，《生产的制度与结构》（中译本），上海，上海三联书店、上海人民出版社，1994。

［57］科斯，《企业的性质》（中译本），上海，上海三联书店、上海人民出版社，1994。

［58］柯颖，《模块化生产网络：一种新产业组织形态研究》，北京，经济科学出版社，2009。

［59］赖普清、姚先国，"市场的性质：从'无形之手'到'有形之网'"，《中国工业经济》，2011年第4期。

［60］李峰、薛耀文，"基于复杂网络的银行网点布局研究"，《复杂系统与复杂性科学》，2011年第6期。

［61］李凯、李世杰，《产业集群的组织分析》，北京，经济管理出版社，2007。

［62］李胜兰，《非正式制度与产业集群形成和发展的理论与实践》，北京，中国社会科学出版社，2008。

［63］李守伟、钱省三，"产业网络的复杂性研究与实证"，《科学学研究》，2006年第8期。

［64］李薇，"竞争性战略联盟的合作效应研究"，《重庆大学博士论文》，2009。

［65］李薇、龙勇，"企业间竞合关系的市场效应研究"，《华东经济管理》，2010年第11期。

［66］李薇、龙勇，《竞争性战略联盟的合作效应研究》，西安，西安交通大学出版社，2011。

［67］李维安等，《网络组织：组织发展新趋势》，北京，经济科学出版社，2003。

［68］李晓华，《产业组织的垂直分解与网络化》，北京，经济管理出版社，2009。

［69］李新春，《企业联盟与网络》，广州，广东人民出版社，2000。

［70］李新家，《网络经济研究》，北京，中国经济出版社，2004。

［71］李增扬、韩秀萍、陆君安等，"内部演化的 BA 无标度网络模型"，《复杂系统与复杂性科学》，2005 年第 4 期。

［72］李永、方锦清、刘强，"从网络科学视角探索企业合作网络"，《复杂系统与复杂性科学》，2009 年第 3 期。

［73］林德明、刘则渊，"复杂网络研究领域演进中的复杂性"，《数学的实践与认识》，2011 年第 9 期。

［74］林福永，"复杂性科学与组织管理"，《管理世界》，2001 年第 10 期。

［75］林金忠，《企业组织的经济学分析》，北京，商务印刷馆，2004。

［76］林竞君，《网络、社会资本与集群生命周期研究：一个新经济社会学的视角》，上海，上海人民出版社，2005。

［77］林润辉，"网络组织的复杂性研究"，《管理科学与系统科学研究新进展——第 6 届全国青年管理科学与系统科学学术会议暨中国科协第 4 届青年学术年会卫星会议论文集》，2001。

［78］刘东，《企业网络论》，北京，中国人民大学出版社，2004。

［79］刘洪、王玉峰，"复杂适应组织的特征"，《复杂系统与复杂性科学》，2006年第9期。

［80］刘洪，《组织复杂性管理》，北京，商务印刷馆，2011。

［81］刘静波，"产业竞合：合作博弈、网络平台与制度条件"，《上海社会科学院博士论文》，2007。

［82］刘静波，《产业竞合：合作博弈、网络平台与制度条件》，上海，上海财经大学出版社，2010。

［83］刘军，《整体网分析讲义：UCINET软件实用指南》，上海，格致出版社，2009。

［84］刘乃全，《产业聚集论》，上海，上海人民出版社，2009。

［85］刘涛、陈忠、陈晓荣，"复杂网络理论及其应用研究概述"，《系统工程》，2005年第6期。

［86］刘艳艳，"西方企业网络理论研究综述"，《经济地理》，2011年第3期。

［87］刘征驰，"服务外包组织治理模式与逆行机制研究"，《湖南大学博士论文》，2009。

［88］芦彩梅，《基于复杂系统视角的产业集群演化研究》，北京，经济科学出版社，2010。

［89］（美）路易斯·普特曼，兰德尔·克罗茨纳编，孙经纬译，《企业的经济性质》，上海，上海财经大学出版社，2009。

［90］（美）路易斯（Lewis，T. G.）著，陈向阳等译，《网络科学：原理与应用》，北京，机械工业出版社，2011。

［91］罗家德，《社会网分析讲义》（第二版），北京，社会科学文献出版社，2010。

［92］罗仲伟，"网络组织的特性及其经济学分析"，《外国经济与管理》，2000 年第 6 期。

［93］吕源、姚俊、蓝海林，"企业集团的理论综述与探讨"，《南开管理评论》，2005 年第 4 期。

［94］马汀·奇达夫、蔡文彬著，王凤彬、朱超威等译，《社会网络与组织》，北京，中国人民大学出版社，2007。

［95］马鸿佳、董保宝，"网络联系、吸收能力与市场战略效能关系研究"，《科研管理》，2011 年第 10 期。

［96］马歇尔，《经济学原理》（中译本），上海，商务印书馆，1983。

［97］马骏、唐方成、郭菊娥、席酉民，"复杂网络理论在组织网络研究中的应用"，《科学学研究》，2005 年第 4 期。

［98］马云泽，《西方产业经济学经典著作菁华》，北京，经济管理出版社，2009。

［99］迈克尔·迪屈奇，《交易成本经济学》，北京，经济科学出版社，1999。

［100］（美）迈克尔·迪屈奇著，王铁生、葛立成译，《交易成本经济学——关于公司的新的经济意义》，北京，经济科学出版社，1999。

［101］曼纽尔·卡斯特著，夏铸九、王志弘等译，《网

络社会的崛起》，北京，社会科学文献出版社，2003。

[102] 孟琦、韩斌，《企业战略联盟协同机制研究》，哈尔滨，哈尔滨工程大学出版社，2011。

[103] 孟韬，《网络视角下的产业集群组织研究》，北京，中国社会科学出版社，2009。

[104] 诺思，《制度、制度变迁与经济绩效》（中译本），上海，上海三联书店、上海人民出版社，1994。

[105] 潘松挺、姚春序，"基于复杂系统理论的企业网络组织演化分析"，《企业经济》，2011年第3期。

[106] 彭本红，《模块化生产网络的形成机理及治理机制研究：以大型客机复杂产品为例》，北京，经济科学出版社，2011年6月。

[107] 普利高津P、斯唐热Y等著，曾庆宏等译，《从混沌到有序》，上海，上海译文出版社，1987。

[108]（美）普特曼、克罗茨纳编，孙经纬译，《企业的经济性质》（第二版），上海，上海财经大学出版社，2009。

[109] 芮明杰、张琰，《产业创新战略：基于网络状产业链内知识创新平台的研究》，上海，上海财经大学出版社，2009。

[110] 阮迪利，"企业网络和波特的竞争战略"，《现代管理科学》，2003年第10期。

[111]（英）桑吉夫·戈伊尔著，吴谦立译，《社会关系：网络经济学导论》，北京，北京大学出版社，2010。

[112]（美）施蒂格勒（Stigler, G. J.）著，王永钦、薛锋译，《产业组织》，上海，上海人民出版社，2006。

［113］（美）斯科特著，刘军译，《社会网络分析法》，重庆，重庆大学出版社，2007。

［114］孙健，《网络经济学导论》，北京，电子工业出版社，2001。

［115］孙万松、张明玉、张文松、邬文兵，"基于复杂性混沌理论的中国经济园区研究"，《复杂系统与复杂性科学》，2004年第10期。

［116］孙伟刚、方锦清、李常品、李永、刘强，"国家高新技术产业开发区网络的某些特点"，《复杂系统与复杂性科学》，2004年第10期。

［117］（美）唐E.沃德曼、伊丽莎白J.詹森著，李宝伟、武立东、张云译，《产业组织：理论与实践》，北京，机械工业出版社，2009。

［118］（美）瓦茨著，陈禹等译，《六度分隔——一个相互连接的时代的科学》，北京，中国人民大学出版社，2011。

［119］丸川知雄，"关于企业集团中间组织产生的理论依据"，《中国工业经济研究》，1992年第9期。

［120］汪小帆、李翔、陈关荣，《复杂网络理论及其应用》，北京，军事科学出版社，2005。

［121］汪小帆、李翔、陈关荣，《复杂网络理论及其应用》，北京，清华大学出版社，2006。

［122］王长峰，《知识属性、网络特征与企业创新绩效——基于吸收能力的视角》，北京，经济科学出版社，2010。

［123］王大辉，"关于复杂系统宏观与微观描述的一个

结论"，《复杂系统与复杂性科学》，2004 年第 7 期。

［124］王德建，《网络治理的生成机制研究》，济南，山东大学出版社，2010。

［125］王娇俐、花磊、王文平，"基于集群企业网络的产业集群升级研究综述"，《技术经济》，2011 年第 8 期。

［126］王军，《产业组织演化：理论与实证》，北京，经济科学出版社，2008。

［127］王玲，《供应链网络组织竞合关系研究》，北京，经济科学出版社，2009。

［128］王拓，《虚拟企业的性质研究》，南昌，江西人民出版社，2008。

［129］王孝斌、王学军，《创新集群的演化机理》，北京，科学出版社，2011。

［130］王询，《文化传统与经济组织》，大连，东北财经大学出版社，2007。

［131］威廉姆森，《资本主义经济制度》，上海，商务印书馆，2002。

［132］韦伯，《经济与社会》（中译本），上海，商务印书馆，1997。

［133］温磊、王立军，《基于复杂网络的供应链建模与仿真研究》，保定，河北大学出版社，2012。

［134］吴结兵，《基于网络结构的产业集群创新机制和创新绩效研究》，杭州，浙江大学，2006。

［135］吴清，《网络经济下企业与市场变迁》，北京，知识产权出版社，2010。

［136］武爱，"经济网络的自组织动力学——基于个体之间经济交易的研究"，《复杂系统与复杂性科学》，2011年第3期。

［137］武爱、王众托，"复杂社会经济系统研究的一个新模型——市场交易与政府关系的三角结构模型"，《复杂系统与复杂性科学》，2011年第3期。

［138］徐晋，《平台经济学——平台竞争的理论与实践》，上海，上海交通大学出版社，2007。

［139］徐坤，"访著名网络经济学家乌家培研究员"，《北京经济瞭望》，2000年第1期。

［140］徐岭，"网络经济的微观机制·运行机理·总图景"，《中国人民大学博士论文》，2009。

［141］徐勇、邱兵，"网络位置与吸收能力对企业绩效的影响研究"，《中山大学学报（社会科学版）》，2011年第3期。

［142］徐志坚，《多企业组织结构分析与竞合策略》，南京，南京大学出版社，2011。

［143］许小虎、项保华，"企业网络理论发展脉络与研究内容综述"，《科研管理》，2006年第1期。

［144］亚当·斯密，《国民财富的性质和原因的研究》（中译本），上海，商务印书馆，1965。

［145］杨蕙馨、冯文娜，《中间性组织研究——对中间性组织成长与运行的分析》，北京，经济科学出版社，2008。

［146］杨建梅、庄东、朱桂龙，《中国社会网络与社会资本研究报告（2008－2009）社会网络与产业复杂网络》，

北京，经济管理出版社，2009。

［147］杨建梅、后锐、欧瑞秋、姚灿中、刘潇、庄东、谢王丹，"产业竞争关系复杂网络及高技术产业网络"，《复杂系统与复杂性科学》，2010年第9期。

［148］杨建文、周冯琦，《产业组织——21世纪理论研究潮流》，上海，学林出版社，2003。

［149］杨瑞龙、冯健，"企业间网络及其效率的经济学分析"，《江苏社会科学》，2004年第3期。

［150］杨瑞龙、冯健，"企业间网络的存在性：一个比较制度分析框架"，《江苏行政学院学报》，2006年第1期。

［151］杨瑞龙、杨其静，《企业理论：现代观点》，北京，中国人民大学出版社，2005。

［152］杨阳、荣智海、李翔，"复杂网络演化博弈理论研究综述"，《复杂系统与复杂性科学》，2008年第12期。

［153］姚灿中、杨建梅、庄东，"产业竞争关系复杂网络上的竞争扩散研究"，《管理学报》，2011年第2期。

［154］姚先国、朱海就，"企业的契约理论与能力理论比较"，《学术月刊》，2003年第2期。

［155］姚智谋、朱乾龙，"企业网络分工与我国产业组织结构转型"，《江海学刊》，2011年第4期。

［156］叶笛，"基于复杂网络视角的供应链网络研究"，《现代管理科学》，2011年第8期。

［157］于同申，"'创造性毁灭'和网络经济条件下的自主科技创新"，《中国工业经济》，2006年第5期。

［158］于永慧、丘海雄，《"产业集群与企业边界"的

嵌入性研究》，北京，经济科学出版社，2010。

［159］袁安照，《企业联盟：规制结构理论导论》，上海，上海人民出版社，2002。

［160］禹献云，"基于 CAS 理论的高技术企业创新网络演化机理研究"，《湖南大学硕士论文》，2009。

［161］曾宪钊，《网络科学》北京，军事科学出版社，2006。

［162］曾宪钊，《网络科学（第二卷）》，北京，军事科学出版社，2008。

［163］翟丽丽，"基于自组织理论的高技术虚拟企业管理模式研究"，《哈尔滨理工大学博士论文》，2009。

［164］翟丽丽，《高技术虚拟企业演化机理与管理模式》，北京，科学出版社，2012。

［165］湛正群，《外部网络、吸收能力与企业绩效研究》，北京，经济科学出版社，2011。

［166］占广、李福刚，"走出垄断的误区"，《理论月刊》，2003 年第 5 期。

［167］张宝建、胡海青、张道宏，"企业创新网络的生成与进化——基于社会网络理论的视角"，《中国工业经济》，2011 年第 4 期。

［168］张帆、徐咏梅，"复杂性范式视野下的复杂网络研究及其意义"，《华南理工大学学报（社会科学版）》，2011 年第 8 期。

［169］张杰，"基于自组织理论的区域系统演化发展研究"，《哈尔滨工程大学博士学位论文》，2007。

参考文献

［170］张静敏，《互联网络的经济学分析》，北京，中国金融出版社，2010。

［171］张琰，"模块化分工条件下网络状产业链中知识创新研究"，《复旦大学博士论文》，2008。

［172］张其仔，《社会资本论：社会资本与经济增长》，北京，社会科学文献出版社，1999。

［173］张其仔，《新经济社会学》，北京，中国社会科学出版社，2001。

［174］张其仔等，《模块化、产业内分工与经济增长方式转变》，北京，社会科学文献出版社，2008。

［175］张荣佳、原毅军，"产业结构调整的微观基础：基于网络组织的分析"，《大连理工大学学报（社会科学版)》，2011 年第 6 期。

［176］张首魁、党兴华，"企业网络与企业网络化模型研究：基于信息流的分析"，《管理学报》，2011 年第 6 期。

［177］张伟峰，《创新联结：企业创新网络与技术创新方式研究》，北京，经济管理出版社，2006。

［178］张昕竹、拉丰、安·易斯塔什，《网络产业：规划与竞争理论》，北京，社会科学文献出版社，2000。

［179］章帆，《分工协同网络与产业组织演进》，北京，科学出版社，2010。

［180］郑海涛，《产业集群网络结构与企业创新绩效关系研究》，广州，华南理工大学出版社，2012。

［181］周文、赵炎，"复杂创新网络的小世界效应研究——一个整合社会资本与结构洞的视角"，《第七届中国

科技政策与管理学术年会论文集》，2011。

[182] 周小虎，《企业社会资本与战略管理——基于网络结构观点的研究》，北京，人民出版社，2006。

[183] 周雪光，"关系产权：产权制度的一个社会学解释"，《社会学研究》，2005 年第 2 期。

[184] 朱海就，"从'能力'角度研究产业集群的综述"，《科技进步与对策》，2004 年第 5 期。

[185] 朱海就，《企业网络的经济分析——产业区能力差异的解释》，杭州，浙江工商大学出版社，2008。

[186] 朱瑞博，"价值模块整合与产业融合"，《中国工业经济》，2003 第 2 期。

[187] 朱瑞博，"模块生产网络价值创新的整合架构研究"，《中国工业经济》，2006 第 1 期。

[188] 朱涛，《企业网络战略》，上海，复旦大学出版社，2008。

[189] Amaral, L. A. N., Ottino, J. M., "Complex networks: Augmenting the framework for the study of complex networks", *European Physical Journal B*, 2004, 38 (2): 147—162.

[190] Arenas A, et al, *Phys*, Rev, E, 2000, (61).

[191] Auyang S Y, *Foundations of Complex system Theories*, Cambridge, Cambridge University Press, 1998.

[192] Bak P, Chen Kan, "Self-organized criticality", *Scientific American*, 264 (1).

[193] Barab·si, A. L., Albert, R., Jeong, H.,

"Mean field theory for scale-free random networks", *Physica A*, 1999, (272): 173—187.

[194] Barab·si, A. L., Albert, R., "Emergence of scaling in random networks", *Science*, 1999, (286): 509—512.

[195] Barab·si, A. L., *Linked: The New Science of Networks*, Cambridge, MASS: Perseus Publishing, 2002.

[196] Barab·si, A. L., Bonabeau, E., "Scale-Free Networks", *Scientific American*, 2003, (5): 50—59.

[197] Bengtsson, M and Kock, S. "Cooperation and Competition in Relationships between Competitors in Business work", Journal *of business& industrial marketing*, 1999, 14: 178—194.

[198] Brandenburge, A and Nalebuff, B, *Co-copetition*, Cambridge, MA: Harvard business press, 1996.

[199] Buchanan, M. Nexsus, *Small worlds and the Groundbreaking Science of Networks*, New York. W. W. Norton, 2002.

[200] Burt, R. S., *Structural Holes: The Social Structure of Competition*, Harvard University Press, 1992.

[201] Burt, R. S., "The Contingent Value of Social Capital", *Administrative Science Quarterly*, 1997, 42 (2).

[202] Burt, R. S., *Brokerage & Closure*, Oxford University Press, 2005.

[203] Candace Jones, *A General Theory of Network Governance: Exchange Conditions and Social Mechanisms*, The A-

cademy of Management Review. Vol. 22, Iss: 4, pp. 911—945, 1997.

[204] Chapman J L and Reiss M J, Ecology: *Principles and Applications*, 2nd ed, Cambridge, Cambridge University Press, 1999, 110.

[205] Chunguang Li, Maini P K, *An evolving network model with community structure*, J. Phys, A: Math. Gen. , (38).

[206] Clauset M. E. J. Newman, "Modularity and community structure in networks", *Proc. Natl. Acad. Sci.* USA 103, 8577—8582, 2006.

[207] Coleman, J. , *Foundations of Social Theory*, The Belknap Press, 1990.

[208] Dorogovtsev S N, Mendes J F, *Scaling properties of scale free evolving networks: Continuous approach Phys*, Rev, E, 2001, (63).

[209] E. F. Keller, *Revisting "scale-free" network*, BioEssays 27, 1060—1068, 2005.

[210] G. B. Richardson, "The Organization of Industry", *Economic Journal*, 1972, 82 (9): 21—29.

[211] Gomes-Casseres, B, "Group versus Group: How alliance networks Compete", *Harvard Business Review*, 1994, 72: 62—74.

[212] Gomes-Casseres, Benjamin, *The Alliance Revolution-The New Shape of Business Rivalry*, Harvard University

177

参考文献

Press, Cambridge, 1996.

[213] Grandori, A. , "*Information technology and inter-organizational relation in travel-related service industries*", Paper presented to the 8th E. G. O. S, Antwerp, 1987.

[214] Grandori, A. and Giuseppe, S, *Interform networks: antecedents, mechanisms and forms*, Organization Studies, 1995, 16 (2).

[215] Granovetter, M. , "The Strength of WeakTies", *American Journal of Sociology*, 1973, 78 (6).

[216] Granovertter, M, "Economic Action and social structure: The problem of Embeddedness", *American Journal of Sociology*, 1985, 91: 481—510.

[217] Hausken, K, "Cooperation and between-group competition", *Journal of economic behavior&Organization*, 2000, 42: 417—425.

[218] Hotelling, H. "stability in competition", *Economic Journal*, 1929, 39: 41—57.

[219] Huberman B. A. , *The Laws of the Web: Patterns in the Ecology of Information*, Cambridge, MASS: MIT Press. 2001.

[220] Jackson, M. O and Wolinsky, A. "A Strategic Model of Social and Economic networks", *Journal of Economic Theory*, 1994, 71: 44—74.

[221] Jarillo, J, C. "On strategy network", *Strategy Management Journal*, 1988, 9: 31—34.

[222] John, R and Lawrence, P. R. "Beyond Vertical Intergration-the rise of the value adding partnership", *Havard business review*, 1988, July-August: 94—101.

[223] Kakz, M and Shapiro, C. "Network Externality, competition and compatibility", *American Economic Review*, 1985, 75: 424—440.

[224] Kakz, M and Shapiro, C. "Systems competition and Network Effects", *Journal of economic perspectives*, 1994, 8: 93—115.

[225] Langlois, R. N. "Modularity in Technology and Organizatuon", *Journal of economics behavior and organization*, 2000, 49: 19—37.

[226] Leibowitz, S. J and Margolis, S. E. "Network Externality: An Uncommon Tragedy", *The journal of economic perspectives*, 1994, spring: 133—150.

[227] L. Li, D. Alderson, J. Doyle, and W. Willinger, "Towards a Theory of Scale-Free Graphs: Definitions, Properties and Implications", *Internet Mathematics* 2 (4), 2006.

[228] M. A. Porter, P. J. Mucha, M. E. J. Newman and C. M. Warmbrand, "A network analysis of committees in the U. S. House of Representatives", *Proc. Natl. Acad. Sci. USA* 102, 7057, 2005.

[229] Marshall. A, *Principles of Economics*, London, Marshall, 1920.

[230] M. E. J. Newman, "The structure and function of

complex networks", *SIAM Review* 45, 167—256, 2003.

[231] M. E. J. Newman and J. Park, "Why social networks are different from other types of networks", *Phys. Rev. E* 68, 036122, 2003.

[232] M. E. J. Newman, A. -L. Barabási, and D. J. Watts, *The Structure and Dynamics of Networks*, Princeton University Press, 2006.

[233] M. Middendorf, E. Ziv and C. H. Wiggins, "Inferring network mechanisms: The Drosophila melanogaster protein interaction network", *Proc. Natl. Acad. Sci. USA* 102, 3192, 2005.

[234] Myerson. R, *Game Theory Analysis of Conflict*, Cambridge, Harvard university press, 1991.

[235] Nohria. N and Robert. E, "Networks and Organizations: Structure, Form and Action", *Strategic Management Journal*, 1992, 20; 73—89.

[236] O. E. Williamson, "Comparative Organization: The Analysis of Discrete Structural Alternatives", *Administrative Science Quarterly*, 1991, 36 (7).

[237] P. Doney, & J. P. Cannon, "An Examination of the Nature of Trust in Buyer-Seller Relationships", *Journal of Marketing*, 1997, 61 (2).

[238] Porter. M. E, *Competitive Strategy: Techniques for Analyzing Industries And Competitors*, New York , The Free Press, 1980.

[239] Ranjay Gulati, Nitin Nohria, Akbar Zaheer, "Strategic Networks", *Strategic Management Journal*, 2000, 21 (3).

[240] R. Guimera and L. A. N. Amaral, "Functional cartography of complex metabolic networks", *Nature* 433, 895, 2005.

[241] Sanjeev Goyal, *Connections: An Introduction to Economics of Networks*, Princeton University Press, Princeton and Oxford.

[242] S. P. Borgatti, K. M. Carley and D. Krackhardt, "the Robustness of Centrality Measures under Conditions of Imperfect Data", *Social Networks* 28, 124, 2006.

[243] Sarshar N, Roychow dhury V, *Scale-free and Stable structures in complex networks Phys*, Rev, E, (69).

[244] Stanly Wasserman and Katherine Faust, *Social Network Analysis: Methods and Applications*, Cambridge, England, Cambridge University Press, 1994. repint 1999.

[245] Stigler, G. J. , *The Organization of Industry* , Illinois, Irwin, 1968.

[246] Thorelli, H. B, "Networks: Betwecn Markets and Hierarchies ", *Strategic Management Journal*, 1986, 7: 37—51.

[247] Uzzi, B. , "Social Structure and Competition in Interfirm Networks: The Paradox of Embeddedness", *Administrative Science Quarterly*, 1997, 42 (1).

181

参
考
文
献

[248] Varian, H and Shapiro, C. , *Information Rules: A Strategic Guide to the Network Economy* , Cambridge: Harvard Business School Press, 1998.

[249] Watts, D. J. , Strogatz, S. H. , "Collective Dynamics of Small-World Networks", *Nature*, 1998, (393): 440—442.

[250] Watts, D. J. , *Small World*, Princeton, NJ, Princeton Univ. Press, 1999.

[251] Watts, D. J. , *Six Degrees: The Science of a Connected Age*, New York. N. Y. : W. W. Norton, 2003.

[252] Watts, D. J. , The "New" Science of Networks, *Annual Review of Sociology*, 2004, 30 (1): 243—270.

[253] Williamson, O, "Transaction cost economics: The Govermance of Contractual relations", *Journal of Law and Economics* , 1979, 22; 233—261.

[254] Zhang, H. , A. Goel, and R. Govindan, "Using the small world model to improve Freenet performance", *Comput. Networks*, 2002, 46 (4): 555—574.

[255] Zhu, X. , M. Gerstein, and M. Snyder, "Getting connected: Analysis and principles of biological networks", *Genes Devel.* 2007, 21: 1010—1024.

[256] Zip, G. K. , *Human Behavior and the Principle of Least Effort*, Cambridge, MA, Addison-Wesley Press, 1949.

后 记

从 2004 年开始从事科研工作，期间经历硕士、博士研究生和博士后阶段的学习研究，十余年时间几乎没离开过科研，然而取得的科研成果却相当有限，感触科研历程之艰难，钦佩科研工作者持之以恒的默默耕耘和对学术理想的不懈追求。

在多年的学习和科研工作中，有幸结识经济金融领域的大师大腕，并得到了言传身教，他们是北京大学常务副校长刘伟教授、北京大学校长助理黄桂田教授、北京大学经济研究所所长睢国余教授、北京大学经济学院学术委员会主席何小锋教授、北京大学经济学院副院长张辉教授、北京大学经济研究所常务副所长冯科教授、清华大学经济管理学院魏杰教授、清华大学经济管理学院创新创业与战略系主任谢伟教授、中国人民大学经济学院院长杨瑞龙教授、中国人民大学经济学院韩小明教授、中央财经大学校长王广谦教授、中国社会科学院经济研究所郑红亮教授、长江商学院周春生教授，等等。他们淳淳善诱的学者风范，对年轻学者的悉心关怀使我受益匪浅，在此衷心致谢！

特别要感谢的是韩小明教授引导我开启了一个新兴的研究领域——网络经济学。其中企业网络是网络经济学的一个研究分支。本人结合自己的产业实践和知识积累，对企业网络的研究产生了浓厚兴趣，并投入了极大的热情广泛阅读了与企业网络相关的经典专著和专业文献，尤其是对于难度较大的网络科学的学习，奠定了跨学科研究的理论基础。经过多年的学习研究，才有了这本关于企业网络的著作。本书试图以企业网络研究为基点，把网络科学理论与经济学理论进行融合研究，然而由于两个不同的体系都有其既定的分析框架，由于存在理论研究的路径依赖，要打破这种传统的分析框架存在较大的难度，本书只是作一个开启式的初步探索，两个理论体系的融合研究有待进一步探索。

商会体系的构建对于企业网络的形成具有很大的促进作用，本人长期嵌入于闽籍商会网络体系的建设和运营之中，从中获取企业网络研究的灵感。在此也对北京福建企业总商会、北京泉州商会、北京南安商会等各层级的闽籍商会提供的实践机会表示感谢。尤其要感谢的是北京闽南文化创意产业商会为我提供一个运作智库型商会的平台，使我的很多理论思考得以实践落地。

本书的出版要感谢人民出版社和孙兴民编审及其他出版人员，从出版立项到排版校对，他们在出版过程中付出了辛勤的劳动！

本书的出版还要感谢北京金昆财富投资管理有限公司董事长蔡锦坤的特别支持！

最后感谢所有关心、鼓励与支持我的亲人、老师、同学、朋友、同事，谢谢你们，陪伴成长，带来欢乐！

洪振挺

2015 年 8 月于北京

185

后

记